ABC VAN HET
BIOLOGISCH TUINIEREN

ABC VAN HET BIOLOGISCH TUINIEREN

Roland Motte

DELTAS

Originele titel: *l'ABC du jardinage bio* (Roland Motte)
© MMXI Éditions Rustica, Paris.
All rights reserved.
© Zuidnederlandse Uitgeverij N.V., Vluchtenburgstraat 7, B-2630 Aartselaar, België, MMXII.
Alle rechten voorbehouden.
Deze uitgave door: Deltas, België-Nederland
Nederlandse vertaling: Nynke Goïnga
Gedrukt in België

D-MMXI-0001-476
NUR 424

Inhoud

Woord vooraf 7

Goede biologische gewoonten 9
Zuinig zijn met water 24
Planten combineren 25
Zelf compost maken 26
Zelf gier maken 30
Nuttige beestjes herkennen 34
Problemen tijdens het kweken ontdekken 38
Valkuilen tijdens het kweken 41
Insecten en parasieten herkennen 43
Ziekten opsporen 47

Biologisch tuinieren van A tot Z 51
Sierbomen en -heesters 53
De juiste keuzes 54
De juiste plek 57
Het planten 60
Het onderhoud 65
De snoei 67

Bloemen 77
Eenjarige planten 78
Tweejarige planten 83
Meerjarige planten 88
Combinaties en toepassingen 93

De haag 101
Soorten hagen 102
Biodiversiteit 104
Een haag planten 106
De snoei 109
Het onderhoud 113

Het gazon 119
Een gazon aanleggen 120
Het onderhoud 124
De samenstelling van een gazon 126
Kruid en onkruid tussen het gras 127
Het gereedschap 128

De moestuin 131
Een gezonde moestuin 132
De grond voorbereiden 135
Het zaaien 141
Het planten 146
Het onderhoud 149
De oogst 152

Het bloemenveld 159
Een ecologische omgeving 160
Een bloemenveld aanleggen 162
Het inzaaien 164
Het onderhoud 166

Rozenstruiken 173
Duizend-en-één toepassingen 174
De voorbereiding 176
Het planten 179
Het onderhoud 185
De snoei 189
Verschillende vormen rozenstruiken 194

De boomgaard 197
Een natuurlijke boomgaard 198
De boomvorm 201
Fruitbomen planten 205
Het onderhoud 210
De snoei 213
De onderhoudssnoei 223
De oogst 228
Kleinfruit planten 230

Register 238

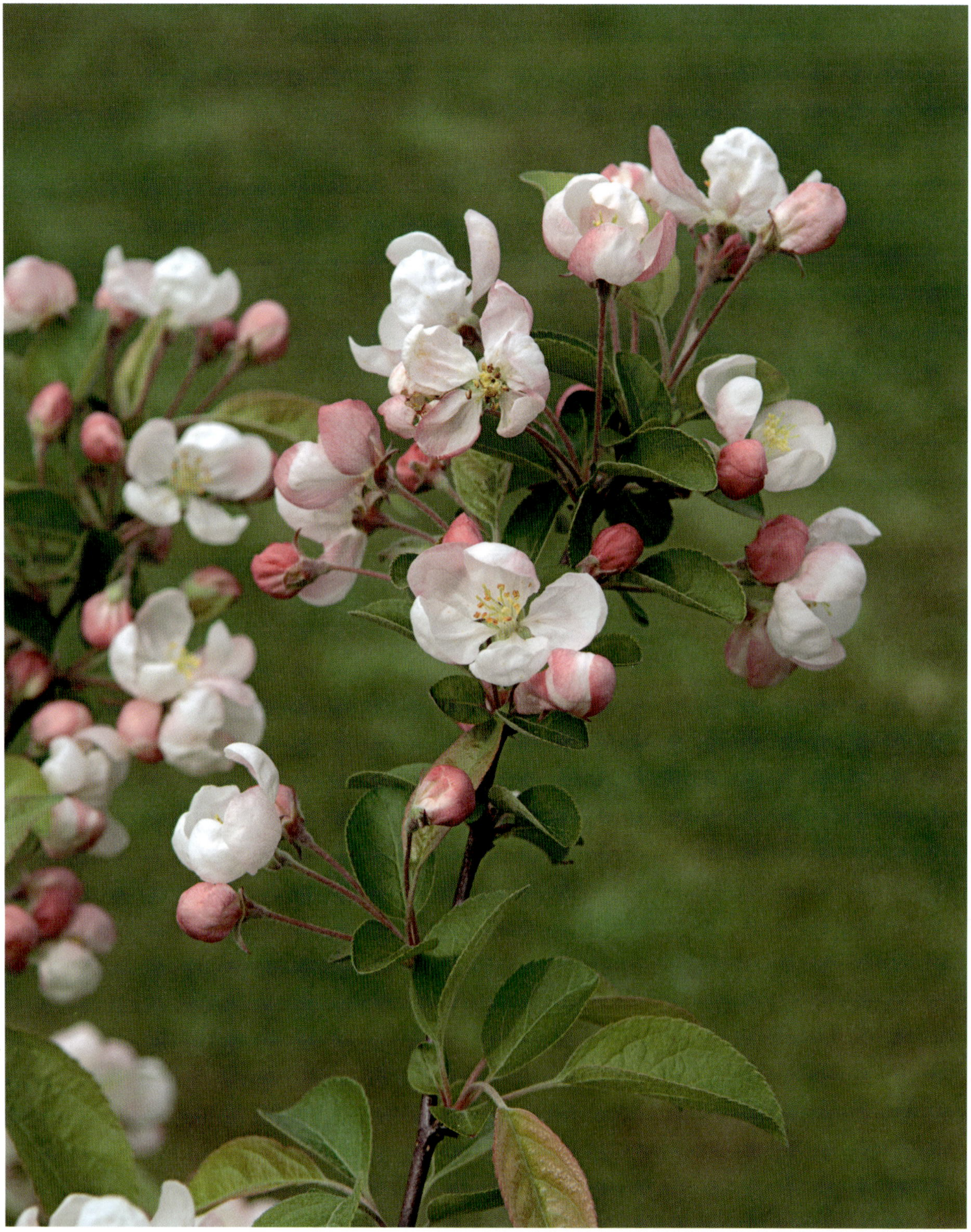

Woord vooraf

Een tuin is ontspanning, een hobby voor het hele gezin. En waarom zou je er niet, om er zo veel mogelijk plezier van te hebben, een schone, milieuvriendelijke tuin van maken? Een biologische tuin rondom het huis, die heb je zó aangelegd!

Nog niet zo lang geleden vormde de tuin een bron van inkomsten, en verschafte een aanzienlijk deel van de belangrijkste levensmiddelen voor het gezin. De zelfvoorzienende tuin, met een moestuin, een boomgaard en kruiden, was een bewerkelijke tuin, die dankzij de spade en regelmatig onderhoud volop voedsel opleverde. Halverwege de vorige eeuw werd een geboortegolf voorspeld, en er doemde een groot probleem op: hoe kon de hele wereldbevolking van voedsel worden voorzien? De landbouw, plotseling een urgent thema, moest koste wat het kost productiever worden!

Chemische middelen werden ingezet om de grond vruchtbaarder te maken en de productie te vergroten. Landbouwers in alle landen, die door de politiek niet anders konden dan deelnemen aan de Groene Revolutie, richtten zich nog maar op één ding: de opbrengst per hectare. En ook de tuin moest meer opbrengen. Alle middelen waren geoorloofd om zo veel mogelijk profijt te hebben van de moestuin, die vaak werd volgepompt met middelen die vandaag de dag verboden zijn.

De kwaliteit van ons voedsel gaat vóór alles! De tuin is een onderdeel geworden van ons leven, van ons milieu. Hij moet mooi en decoratief zijn, maar niet tegen elke prijs. Respect voor de natuur is belangrijker geworden dan productiviteit.

De tuinier is, door te observeren en zijn gezonde verstand te gebruiken, teruggekeerd naar methoden die eenvoudiger zijn, harmonieus, en die beter aansluiten bij zijn visie op de natuur. Vandaag de dag is het mogelijk om een mooie tuin te hebben die productief en gemakkelijk in het onderhoud is, met dank aan de enthousiastelingen die de werkwijzen van onze voorouders hebben overgenomen, de natuur haar gang hebben laten gaan en zo het beste in haar naar boven hebben gehaald.

De tuin wordt weer natuurlijk en eerlijk.

Dit boek geeft eenvoudige adviezen voor een mooie tuin, met respect voor onze aardbol. Het kweken van bloemen om de biodiversiteit te bevorderen, combinaties van planten voor een beter resultaat, het kiezen van gewassen die tegen ziekten bestand zijn, het plaatsen van beschuttingen voor de kleine vrienden van de tuinier, je omringen met bloemenvelden voor de schoonheid van het landschap en de bescherming van insecten... Biologisch tuinieren is een voordelige en duurzame filosofie waarbij je alle tijd hebt om te genieten van de natuur.

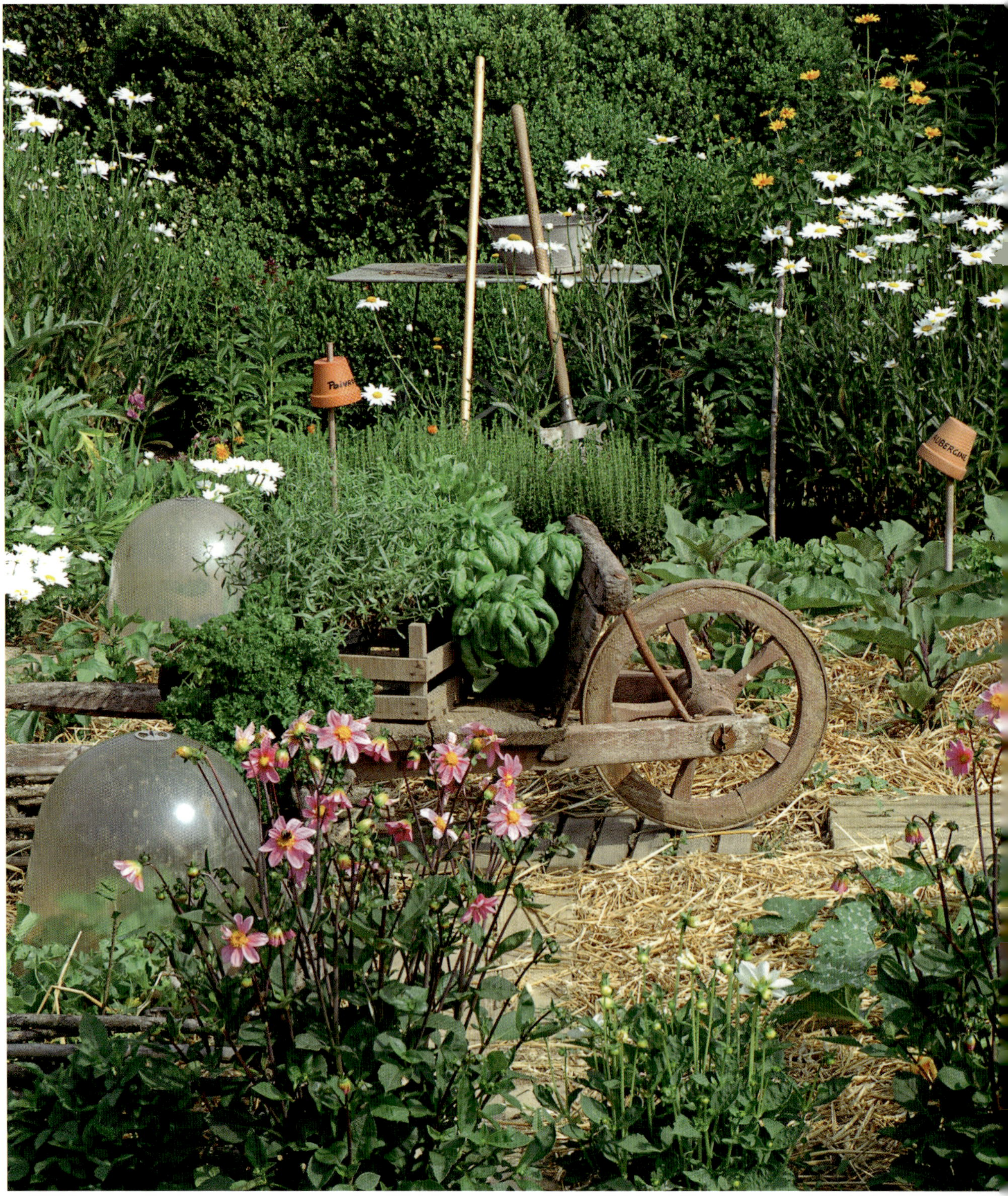

Goede biologische gewoonten

Respect voor het milieu wordt in onze samenleving belangrijk gevonden. Niemand trekt het belang van de gezondheid van onze planeet meer in twijfel. We hebben maar één aarde, dus moeten we er voorzichtig mee omspringen!

Sommigen luiden de noodklok voor de toekomst van onze kinderen, anderen spreken zich er liever niet over uit. De tuinier bevindt zich midden in de natuur, ver verwijderd van het felle debat.

Door zijn daden kan hij een aanzet geven tot verandering, zonder de voordelen van zijn tuin te hoeven missen. Hij is meer dan een dromer: hij kan toekomstige generaties aansporen tot het gebruik van verstandige, weldoordachte methoden.

Door biologisch te tuinieren lever je een bescheiden aandeel aan het behoud van de flora en de fauna. De gewoonten die je jezelf in de tuin aanleert, zullen geleidelijk invloed hebben op je gedrag in het dagelijks leven. Zo zorgt het zelf composteren voor minder restafval, en het opvangen van regenwater voor minder verspilling van deze kostbare hulpbron.

De tuin kan in dit nieuwe millennium een heus pedagogisch hulpmiddel worden om onze kinderen te wijzen op het belang van het leven. Een zaadje zien groeien, het belang inzien van groenten en fruit, de rol leren begrijpen van insecten, egels, vossen en vleermuizen: ook dat is respect voor het milieu.

Wat is een biologische tuin?

Geschikte planten

Bij het aanleggen van een tuin moet er allereerst worden bepaald wat de meest geschikte planten zijn wat betreft de streek, de omgeving, de ligging ten opzichte van de zon, de ruimte en de behoeften.
Iedereen met een beetje gezond verstand, opmerkzaamheid en kennis van de belangrijkste planteneigenschappen kan een tuin aanleggen.

Een boom zal bijvoorbeeld gaan groeien en moet daarom op enige afstand van het huis of het zwembad worden geplant, want door de wortels kunnen na enkele jaren de terrastegels omhoogkomen. De wilg houdt van water, hij heeft een vochtige grond nodig, in tegenstelling tot lavendel of rozemarijn, die beter op een droge, goed gedraineerde bodem gedijen. Balsemien en begonia's houden van schaduw, in tegenstelling tot de plan-

Hieronder: het kiezen van geschikte planten en slimme combinaties (hier: rozenstruiken en lavendel) behoort tot de basis van biologisch tuinieren.

ten in de moestuin, die het liefst in de volle zon staan.

Rozenstruiken komen tot volle bloei, als ze maar genoeg zon krijgen. Er zijn ook rozenstruiken die van nature bestand zijn tegen ziekten. Een citroenboom zal vanwege de kou de winter niet doorstaan. De omstandigheden zijn al evenmin ideaal voor een rododendron op een te kalkrijke grond of op een plek die 's middags in de volle zon staat.

> Mediterrane gewassen, zoals de oleander, de olijfboom, de citroenboom en de sinaasappelboom, zijn bedoeld voor in de serre. Zet ze van oktober tot maart binnen, in een lichte, koele ruimte (tussen 5 en 10°C). Geef ze iets minder water. De juiste omstandigheden verminderen het risico op ziekten en dus ook de noodzaak van behandelingen.

Kortom, ieder gewas heeft zijn eigen typische kenmerken. Daar is niets ingewikkelds aan, je hoeft ze alleen maar te kennen om vergissingen te voorkomen en een mooie tuin aan te kunnen leggen.

> **Het geheim van de biologische tuin**
> Een plant die op een geschikte plek wordt geplant, is veel beter bestand tegen ziekten en parasieten. Sterke planten, die niet hoeven te worden behandeld, vormen de basis van de biologische tuin!

Gezond verstand

Doordat de tuinier zijn planten elke dag weer ziet groeien, weet hij na een tijdje precies hoe de natuur in elkaar zit. Het is immers allemaal heel eenvoudig, een dosis gezond verstand is genoeg. Het op natuurlijke wijze tuinieren is zelfs voor een groot deel op het gezonde verstand gebaseerd.

Zit er wat bladluis op de takken? Niks aan de hand, het inzetten van groot geschut is nergens voor nodig. Binnen een paar dagen hebben lieveheersbeestjes het werk al opgeknapt.
Een plant met verlepte bladeren heeft vast en zeker dorst; maar door te veel water kan een plant ook doodgaan. Bij gebrek aan zonlicht kleuren de bladeren geel en na de winter hebben de planten vaak wat meer te lijden door de kou en door het gebrek aan zonlicht. Onze voorouders bezaten niet meer kennis over tuinieren dan wij. Toch hadden zij de natuur onder controle.

Hierboven: geef de voorkeur aan planten die bij het klimaat passen, want ze hebben minder water nodig.

Wat was hun geheim? Vroeger was men gewoon vaker aan het werk in de tuin en op het land. Vandaag de dag hebben we andere dingen aan ons hoofd en is het een luxe geworden om tijd door te brengen in de tuin. Maar logisch nadenken blijft onmisbaar bij het biologisch tuinieren.

De tuinier gaat ervan uit dat de planten, welke dan ook, in een perfecte staat moeten zijn. Maar net zoals wij kunnen ze soms vermoeid zijn. Ze kunnen lijden onder de zon, onder te veel kou of warmte, zich in een hoekje gedrukt voelen of niet goed reageren op veranderingen. Er is daarom nog niets ernstigs aan de hand. Het verplaatsen van de plant, wat water geven of extra bemesting zijn al voldoende om hem weer in vorm te krijgen.

Goed observeren, wat geduld en logisch nadenken: dat is het succesrecept van onze voorouders!

Hieronder: een natuurlijke tuin is er voor het hele gezin.

De voordelen

Tuinieren wordt steeds populairder. En waarom ook niet? Er zijn enorm veel voordelen.

Allereerst het **decoratieve aspect**. Een tuin is een waardevolle plek voor de stad, het dorp en onze woningen. De bloemen en de bomen drukken hun stempel op een gemeenschap, en in verschillende landen in Europa dingen gemeenten zelfs ieder jaar mee naar een prijs voor de meest bloemrijke of groene stad of dorp! Een tuin vervult de eigenaar met trots.

Een tuin is een **natuurlijk middel tegen stress**! Als je in de tuin bezig bent, als je vol bewondering de eerste lentebloemen bekijkt, staat de tijd even stil! Zorgen verdwijnen natuurlijk niet vanzelf, maar na een wandeling door de tuin voel je je een ander mens!

Nog een belangrijk voordeel is het **lichamelijke aspect**. Vanaf een bepaal-

> **Span je niet overmatig in**
> Gebruik zo veel mogelijk een kruiwagen bij het verplaatsen van zakken en planten. Op die manier ontzie je je rug. Als je bij het poten last krijgt van je knieën, probeer dan eens de houding van de galante ridder: steun met één knie op de grond zodat er minder druk op de rug komt. Ook kun je een kussentje maken van schuimrubber om pijnlijke knieën te voorkomen.

Maar wie de tijd neemt om geschikte gewassen te planten, kan dankzij de tuin heel wat euro's besparen. Een zakje wortelzaad kan zeven kilo wortels opleveren. Een zakje slazaad brengt een hoeveelheid sla op die voldoende is voor een heel gezin gedurende het groeiseizoen. En fruitbomen geven in de loop van de tijd zoveel vruchten, dat de voorraad moet worden opgeslagen, en wat er dan nog over is, aan anderen moet worden weggegeven — een gebaar van **gulheid**.

Aardbeienplanten, frambozenstruiken, zwartebessenstruiken, appelbomen, perenbomen, hazelaars...

de leeftijd is intensief sporten niet meer mogelijk. Door regelmatig een rondje te wandelen door het groen blijf je in vorm, mits je op de juiste manier beweegt. De tuin is een sportieve hobby, er zijn zelfs tuiniers die intensief bewegen, en leeftijd maakt daarbij niet uit, zolang je het maar in je eigen tempo doet.

In deze tijd van milieuvervuiling is het kweken van planten gunstig voor ons, maar ook voor de aardbol. Planten kunnen de **vervuiling tegengaan**, voor zuurstof zorgen en vooral — al is het op bescheiden schaal — het systeem afremmen dat onze hulpbronnen exploiteert. Nog boven op alle eerder aangehaalde voordelen, staat de tuin haaks op een onbegrensde consumptiegroei.

Geld besparen

Tijden veranderen! Vandaag de dag kunnen we ons boodschappenmandje vullen met honderden soorten groenten en fruit. De tuin is dus niet meer zo onmisbaar als vroeger.

Hierboven: het kopen van zaad in plaats van jonge planten of — nog beter — zelf zaden winnen, is zowel voordelig als ecologisch.

> **Zelf zaad winnen**
> In plaats van de uitgebloeide bloemen aan het einde van het seizoen af te knippen, kun je ze ook laten staan. Er zullen dan zaden komen die je het jaar daarop kunt gebruiken. Neem de zaden voorzichtig weg, laat ze drogen en stop ze in een envelop zodat er geen licht bij kan komen. Het jaar daarop kun je ze in het voorjaar zaaien.
> Vergeet niet de naam van de soort op de envelop te schrijven zodat je niet per ongeluk twee soorten naast elkaar zet met uiteenlopende behoeften.

Fruittuinen, met struiken of sierbomen, staan ook garant voor aanzienlijke besparingen, want fruit in de winkel is vaak duur.

Door een moestuin, een boomgaard en een kruidentuin blijven de uitgaven voor voedingsmiddelen binnen de perken, en eet je gezonde groenten en fruit van het **seizoen**.

Maar de methoden van het biologisch tuinieren beperken zich niet tot de productie, want je kunt ook op andere manieren bezuinigen in de tuin: op het water door **regenwater** op te vangen; op de hoeveelheid restafval door zelf te **composteren**; op het budget voor het levensonderhoud door minder groenten en fruit te hoeven **kopen**; op zaden door zelf zaad te winnen.

Kennisoverdracht

We laten de aardbol aan onze kinderen na, aan ons de taak om hun kennis over het belang van de natuur bij te brengen.

De tijd van de vakanties op het platteland, bij onze grootouders op de boerderij, is voor velen onder ons allang voorbij, en wat blijft zijn de mooie herinneringen. Alleen een geduldige en opmerkzame leermeester kan iemand kennis over de **cyclus van de natuur** bijbrengen.

Scholen nemen het aanleggen van een tuin, of het verzamelen van zaden, steeds vaker op in hun lesprogramma. Maar wat leren de kinderen thuis?

Een tuin is een plek om samen te spelen, maar nog zoveel meer. Na een partijtje voetbal op het gras is niets zo heerlijk als een ommetje maken door het bloemenveld achterin, en moeder verrassen met een bosje bloemen! Het hele gezin kan meehelpen bij het plukken van aardbeien. Wat een genot om de vruchten direct van de plant te eten, om wat appels te plukken of om de scherpe smaak te ontdekken van radijsjes die met hun felgekleurde kopjes boven de grond uitsteken!

Kinderen zijn verrukt over de 'schatten' die de tuin herbergt. Het **ontdekken** van de natuur legt een basis voor de rest van hun ontwikkeling.

> Door onderwijs leert een kind vanaf jonge leeftijd respect te hebben voor de natuur. En ook al is misschien niet iedereen meteen weg van een tuin die veel onderhoud vergt, er zijn zoveel voordelen op te noemen dat het niet moeilijk is om de jongere generaties te overtuigen. Aan ons de taak om hen de verschillende voordelen te laten ontdekken.

Afrikaantje

Het afrikaantje is een gemakkelijke plant en kan twee maanden voor Moederdag gezaaid worden in een mooi potje. Een leuk cadeau, maar ook een manier om kinderen te leren om goed voor een plantje te zorgen. Het is een begin om hun respect voor de hele natuur bij te brengen.

De indeling van de ruimte

De tuin inrichten

Voor een goede indeling van de tuin is de plaats van de gewassen en van de verschillende plekken van essentieel belang. De leefstijl en de gewoonten van het gezin hebben een grote invloed op de tuininrichting. Maar natuurlijk zijn er valkuilen! Het **terras** bevindt zich in de zon, uit het zicht van voorbijgangers, en kijkt uit op het speelhoekje van de kinderen en op het eventuele zwembad. De **moestuin** ligt meer naar achteren, in de zon, en de **composthoop** ligt goed verscholen achter wat bomen. Rondom de barbecue, die dicht bij het terras staat, groeien kruiden: je hoeft alleen maar te bukken om het vlees op het rooster van de meest heerlijk **geurende kruiden** te voorzien!

De kruidentuin

Kruiden kunnen in de zon staan, op het balkon en in de volle grond dicht bij het terras. Planten zoals tijm, rozemarijn, bonenkruid, basilicum, kerrieplant, munt of citroenmelisse brengen de zomerse gerechten op smaak. Zet ze gerust tussen de bloemen, want ze beschikken over eigenschappen die parasieten op afstand houden!

Plant niet te veel **grote bomen** in het gezichtsveld en houd rekening met plaatsen om te spelen en te ontspannen. Dan komen **de laantjes en de paden**, de **bloemrijke grasvelden** en, het meest achteraf gelegen, de **vogelhuisjes**.
Als je goed kijkt, zie je dat er een logica in de tuin zit. Bij het bedenken en beplanten wordt er zo goed mogelijk rekening gehouden met de gewoonten van het gezin.
De tuin is een kostbaar bezit dat je naar eigen wens kunt inrichten. De tuin mag dan wel biologisch zijn, hij moet ook **praktisch** zijn. Als het ontwerp aansluit bij de behoeften van de gezinsleden, zal iedereen zich erin prettig voelen en er maar al te graag tijd in doorbrengen!

Tappunten

De belangrijkste behoeften van planten zijn water, voedselrijke grond en zonlicht.
Water is het belangrijkst. Iedere plant heeft water nodig in meer of mindere hoeveelheden.
Om een mooie tuin te verkrijgen, is het raadzaam om de planten bij het poten en gedurende de eerste zomer veel water te geven. Eenjarige planten en de planten in de moestuin hebben veel water nodig. Denk bij het ontwerpen van de tuin aan het aanleggen van tappunten om niet te vaak met de gieter heen-en-weer te hoeven lopen of ellenlange tuinslangen te moeten gebruiken. Het handigst is om het **water op te vangen** dat bij regenval van het dak van het huis of tuinhuis afstroomt.

Hieronder: de moestuin heeft veel water nodig. Leg de moestuin vlak bij een tappunt aan en verspil zo weinig mogelijk water.

Door de aarde tussen de planten te bedekken met een bodembedekker, verdampt er minder vocht en hoef je dus minder vaak water te geven. Zonder deze beschermlaag moet de bovenste, harde korst van de grond geschoffeld worden, zodat de grond het water kan opnemen.

De ligging ten opzichte van de zon

Zon of schaduw? Het is nog niet zo eenvoudig om te weten wat er precies wordt bedoeld. In encyclopedieën of in de tuincentra staat vaak: zon, schaduw, halfschaduw. Een slimmerik die kan zeggen waar de schaduw precies overgaat in halfschaduw! Om het allemaal wat gemakkelijker te maken, kun je ervan uitgaan dat de planten voor in de **schaduw**, zoals heideplanten (rododendron, azalea, pieris...), niet tegen de middagzon kunnen. Na 13.00 uur moeten ze in de schaduw staan. Ze houden van koele plekken, een wat vochtige grond en een dikke laag bodembedekking.

De planten voor in de **halfschaduw**, zoals begonia's of bepaalde winterharde planten (de hosta, dovenetel, purperklokje), houden niet van de middagzon. Ze lijken op de planten voor in de schaduw, maar kunnen iets beter tegen de zon: tussen 14.00 en 16.00

> De meeste planten houden van zon. Zo ook de rozenstruik. Als hij te veel in de schaduw staat, zal hij weinig of helemaal niet bloeien. In dat geval helpt het niet als je hem meer bemest. De struik een andere plek geven kan al genoeg zijn om hem weer tot volle bloei te laten komen.

Links: om sterke heideplanten te verkrijgen, kun je ze het best in de schaduw zetten.

uur mogen ze niet in de zon staan. Planten voor in de **zon**, ten slotte, mogen de hele dag in de zon staan. Dit zijn maar richtlijnen: je moet ook rekening houden met de aanwezigheid van bomen, die planten of bloembedden tegen de zon beschermen.

De verschillende plekken

Om de trend van biologisch tuinieren te volgen, moeten de flora en de fauna natuurlijk worden beschermd, moet er worden bespaard, behandelingen achterwege worden gelaten en het afval worden verminderd. In de natuurlijke tuin zijn er bepaalde vaste plekken te vinden die symbool staan voor deze nieuwe manier van verbouwen.

- Struiken

Niets is zo geschikt om de biodiversiteit te vergroten en insecten en kleine dieren aan te trekken dan een haag. Een gemengde haag of een haag uit één soort is een geschikte plaats voor de kleine vrienden van de tuinier. Plant ook bomen achter in de tuin, waar vogels hun nest kunnen maken.

Het afrikaantje, de begonia, de blauwe bloemen van de bernagie of Oost-Indische kers zijn eetbaar en kunnen worden gebruikt om een salade letterlijk op te fleuren. Niet alleen erg lekker, maar ook een streling voor het oog.
Om ze te kunnen eten, mogen ze niet zijn bespoten.

- Bloemen

Bloemperken zijn een lust voor het oog en hebben een rustgevend effect. Het gebruik van bloemen in de keuken is ook onderdeel van biologisch tuinieren. Verras je bezoek!

Rechts: plant bomen en struiken in de tuin. Vogels, die jagen op schadelijke insecten, zullen er hun nest komen maken.

- **Het gazon**

Het gazon neemt CO$_2$ in zich op en zet het om in zuurstof. Het gazon is ook een plek om met de kinderen te ravotten en op het gras neer te ploffen!

- **De moestuin**

De natuurlijke moestuin kan niet ontbreken in een biologische tuin. Als je je nog nooit aan een moestuin hebt gewaagd, probeer het dan eens: je zult er alleen maar plezier van hebben.

- **De beste planten**

De bloembedden met rozen- en andere struiken kunnen ook verschillende functies hebben. Kleinfruit zoals zwarte bessen, aalbessen en blauwe bosbessen zijn lekker en voedzaam voor het hele gezin. Struiken zoals lavendel, tijm en rozemarijn trekken bijen aan, en zijn goed voor de bestuiving. Bessenstruiken (kamperfoelie, sneeuwbes, berberis...) zijn een belangrijke voedingsbron voor vogels.

Links: om de benodigde vijf stuks groenten en fruit per dag te eten, is de moestuin de aangewezen plek... En als de tuin biologisch is: des te beter!

- **Het bloemenveld**

Het bloemenveld langs de muren en de afrastering, op plekken waar veel wordt gelopen, is een ideale plek voor insecten, een paradijs voor bijen, een plek waar bloemen kunnen worden geplukt voor in huis en een ruimte waar je de gehele zomer niet naar hoeft om te kijken.

- **Fruitbomen**

Als je over veel ruimte beschikt, plant dan absoluut fruitbomen. Met gebak, vruchtensap en jam doe je iedereen een plezier. In een kleine tuin kunnen fruitbomen in de hoeken worden geplant, omdat de vorm van de boom zich aan de ruimte aanpast.

Een harmonieus geheel

Een biologische tuin bestaat niet uit van elkaar gescheiden vakken. Als tuinarchitect in wording is het de kunst om de verschillende elementen met elkaar te combineren, om er een harmonieus en esthetisch geheel van te maken.

Een moestuin zonder bloemen ziet er maar treurig uit: het is zelfs noodzakelijk bloemen en gewassen te **mengen**. Afrikaantjes hebben de eigenschap tomaten te beschermen tegen meeldauw, maar ze vrolijken de moestuin ook nog eens op. De natuurlijke tuin is niet eenzijdig, en je kunt leren om er op een geordende manier variatie in aan te brengen! Zo kunnen de bloemrijke grasvelden in de boomgaard hun gang gaan. Op die manier is het niet nodig om het gras rondom de bomen te maaien, en er zullen meer insecten zijn, die door bestuiving voor nog meer fruit zullen zorgen.

Bestuiving
Pas als bloemen zijn bestoven, kunnen ze vruchten voortbrengen. Insecten zorgen voor die bestuiving, in het bijzonder de bij: aan zijn bezoek hebben we vruchten en groenten te danken. Voor bijen is dus een belangrijke rol weggelegd in de natuur.

Rechts: een hoekje grasland vol bloemen achter in de tuin trekt insecten aan die onmisbaar zijn voor de bestuiving.

Biodiversiteit

De traditionele tuin maakt regelmatig gebruik van chemische middelen in de strijd tegen parasieten en ziekten, terwijl de natuurlijke tuin dit afwijst en de biodiversiteit bevordert om **evenwicht** te brengen op de bebouwde grond. Vogels mogen dan wat kersen van de boom pikken, ze eten ook de rupsen op. Chemische insectenbestrijdingsmiddelen kunnen veel insecten doden, zoals de goudoog wiens larven zich voeden met parasieten. Op die manier is het gebruik van chemische bestrijdingsmiddelen nadelig voor de biodiversiteit in de tuin.

In de natuurlijke tuin is de biodiversiteit de belangrijkste troef voor de tuinier, zijn grootste hulp. Daarom moet hij deze behouden en vergroten.

De praktische werkwijze

De juiste planten

Planten uitzoeken voor in de tuin is altijd een bijzonder moment... van geluk of van moedeloosheid! Van geluk als je de hulp inroept van een deskundige verkoper, planten- of boomkweker. Van moedeloosheid als je in je eentje een keuze moet maken uit ontelbare soorten, zonder duidelijke vermeldingen om je beslissingen op te baseren. Hoe beter de **kwaliteit** en de toestand van een plant is, hoe groter de kans dat hij gemakkelijk wortel zal schieten in de tuin, en hoe kleiner het risico dat hij gevoelig is voor parasieten en ziekten.

Koop bij voorkeur **biologisch zaaigoed** of planten die zijn **gekweekt** onder 'schone' omstandigheden.

Controleer bij de aanschaf van een boom of struik of de takken goed in evenwicht en onbeschadigd zijn. Vraag om een garantiebewijs en informeer of je de boom of struik die niet aanslaat eventueel naar de winkel mag terugbrengen.

De plant moet voldoende water hebben gekregen en een gezonde indruk maken. Het blad of de loten moeten er **gezond uitzien**.

Bekijk de wortels en haal de plant, indien mogelijk, uit de pot. De wortels mogen niet in het rond opeengepakt zitten op de bodem van de pot.

Laat de verkoper uitleggen hoe je de plant moet onderhouden, wat de beste ligging is ten opzichte van de zon en hoe hoog de plant uiteindelijk zal worden.

Ook al kies je de plant voor de aardigheid, omdat hij zo mooi is of zo lekker smaakt, of omdat je er gewoon helemaal weg van bent, vergeet niet dat het geen zin heeft om een plant te kiezen die niet geschikt is voor de grond in je tuin of voor de streek waar je woont.

Hierboven: kijk bij de aankoop nauwkeurig naar de wortels om de toestand van de plant te bepalen. Zet uitsluitend gezonde planten in de tuin!

Bekijk de tuinen in de buurt en de gemeentelijke groenvoorzieningen aandachtig om erachter te komen welke planten bij uitstek geschikt zijn in jouw leefomgeving.
De sterkste planten zullen het ook in jouw tuin goed doen.
Als je vervolgens een verwante soort kiest bij een boomkweker of in een tuincentrum, blijft je tuin toch origineel. Planten die geschikt zijn voor de streek, zijn ook gunstig voor de lokaal voorkomende dieren.

Het kunnen **aarden van de plant** moet het belangrijkste criterium zijn bij het maken van de keuze.

De grond

De grond is een opslagplaats voor voedsel, biedt ondersteuning, bevat een watervoorraad en is niet los van de plant te zien. In grond die bij de plant past, stralen de planten van gezondheid; in een minder geschikte grond worden ze zwak.

Er zijn verschillende manieren om de kwaliteit van de grond te verbeteren.

- Een **zware, samengeperste**, plakkende, koele en vochtige grond (kleiachtige grond): voeg zand toe om het water beter te kunnen laten afvloeien. Voeg droge mest toe om de grond te verrijken.
- Een **zware, vochtige**, kalkrijke grond die in de zomer droog is: voeg compost toe om de grond te verrijken. Voeg heidehumus toe om de pH-waarde op peil te krijgen. Zaai groenbemesting als de grond kaal is.
- Een **lichte, zandachtige** grond die niet plakt, goed gedraineerd (zandgrond): voeg droge mest of compost toe. Voeg natuurlijke mest toe rondom de planten.
- Een **zwarte, vochtige**, sponzige grond (humusrijke grond): zorg voor afwatering om de vochtigheid te verminderen. Voeg in de herfst wat kleiachtige grond toe en zand.

Analyseer de grond in de tuin om hem beter te leren kennen. In tuincentra en speciaalzaken zijn kits voor **grondanalyse** te koop, waardoor je inzicht krijgt in de structuur van de grond, en de grond daardoor nauwkeurig kunt verbeteren.

Vroeger groeven tuiniers diep in de grond, maar dat is in een natuurlijke tuin gelukkig niet meer nodig. Bij het **omploegen** van het land worden bacteriën verspreid die diep in de grond behoren te zitten, en dat tast de kwaliteit van de grond aan. Voor het zaaien of het planten kan de bovenste laag van de grond lichtjes worden **omgeschoffeld** met een schoffelmachine.

Potgrond kan bij het kweken worden gebruikt. Op die manier kunnen planten direct worden gekweekt. Het is gebruiksklaar en aangepast aan verschillende soorten planten: potgrond voor geraniums voor geraniums, uiteraard, en voor bloemplanten. Potgrond voor het verpotten of universele potgrond voor kamerplanten en potplanten. Middelen voor grondverbetering zoals droge mest, compost, zand of turf moeten worden vermengd met de grond om deze vruchtbaarder te maken.

Bovenaan: analyseer de grond om inzicht te krijgen in de structuur en kies geschikte planten, die sterk zullen zijn en dus minder vatbaar voor ziekten en parasieten waardoor behandelingen achterwege kunnen blijven.

---

pH-waarde

De pH-waarde van de grond ligt tussen 0 en 14 en zegt iets over de zuurgraad van de grond. De pH-waarde kan worden bepaald door de grond te analyseren. Kalkrijke grond heeft een hoge pH-waarde (8-9), en de pH-waarde van een zure grond is lager (5-6). Heideplanten, zoals de rododendron, gedijen op zure grond. Als die niet aanwezig is, is het wenselijk ze te planten in heidehumus.

Goede bemestingsmiddelen

Planten hebben voedsel nodig, zoals ieder levend mechanisme. Voedsel bevindt zich in de grond, maar raakt langzaam maar zeker op.

Voor de juiste hoeveelheid sporenelementen kun je de voorgeschreven hoeveelheid mest aanhouden die op de verpakking staat beschreven. Er bestaan verschillende soorten voor verschillende planten, en ze zijn gebruiksklaar.

Het gebruik van **natuurlijke bemestingsmiddelen** zorgt ervoor dat de plant veel beter bestand is tegen ziekten en parasieten.

De bemestingsmiddelen zijn in verschillende vormen te koop: in korrels, in vloeistof- of in poedervorm. Gebruik alleen de middelen met de vermelding 'geschikt voor biologische landbouw', die geen chemische toevoegingen bevatten.

Verzorging zonder vervuiling

Een tuin is allereerst een plek om vrije tijd in door te brengen en te ontspannen. Probeer niet te forceren om ook nog meer te kunnen oogsten. De knelpunten voor de hobbyist verschillen nogal van die van de landbouwer die bepaalde resultaten moet zien te behalen.

In de biologische tuin worden geen chemische middelen gebruikt, die duur zijn en vervuilend. Wel kunnen **natuurlijke behandelingen** of **preparaten** worden gebruikt. Maar ook natuurlijke middelen zijn niet helemaal zonder gevaar. Niet zozeer het product zelf is gevaarlijk, als wel de door de tuinier gehanteerde dosis. Wees voorzichtig met het gebruik en houd je aan de voorgeschreven dosis op de verpakking. Bij preparaten is een overdosis al evenmin aan te raden.

Houd in ieder geval voor ogen dat een plant die in een goede gezondheid verkeert, beter bestand is tegen ziekten en parasieten, en minder onderhoud vergt. Een sterke plant die geschikt is voor de grond en de streek, en een regelmatige toevoer van water bieden nog altijd de beste garantie tegen problemen.

Hierboven: gebruik alleen bemestingsmiddelen met de vermelding 'geschikt voor biologische landbouw'.

Geen middel is zonder gevaar!

De middelen om planten te behandelen, kun je vergelijken met onze medicijnen. Het zou niet bij ons opkomen om tienmaal de door de arts voorgeschreven dosis in te nemen. Doe dat dan ook niet bij planten. De vermelding 'geschikt voor biologische landbouw' wil niet zeggen dat je het ongelimiteerd moet gebruiken voor een optimaal resultaat. Lees altijd zorgvuldig de bijsluiter. Neem bijvoorbeeld drijfmest: ook al is dit product nog zo natuurlijk, het is schadelijk als het op een te groot oppervlak en overmatig wordt toegepast. Het zakt weg in de bodem en vervuilt het grondwater en de rivieren. Ook hier geldt dus: alles met mate.

Op de verpakking van bemestingsmiddelen staat de vermelding NPK voor het gehalte van de volgende drie bestanddelen:
N = stikstof, voor de groei van het blad en het gedeelte van de plant dat boven de grond uitsteekt;
P = fosfor, voor de weerstand van de plant en de groei van de wortels;
K = kalium, voor de bloei en de groei van vruchten.
Het cijfer achter deze letters geeft de onderlinge verhouding weer van deze drie bestanddelen.

Zuinig zijn met water

Het begieten van bloemperken, de moestuin en bij het planten van bomen en struiken is erg belangrijk. De tuinier moet spaarzaam omgaan met water en gebruikt bij voorkeur opgevangen regenwater.

Regenwater opvangen en de aarde bedekken

Van ieder dak kun je grote hoeveelheden regenwater opvangen in een ton die onder de regenpijp wordt gezet.
Door de aarde te bedekken met stro of een ander geschikt materiaal hoef je minder vaak water te geven doordat er minder water uit de grond verdampt.

Een boom of een struik heeft water nodig bij het planten en gedurende de eerste zomer. Daarna halen de wortels het benodigde vocht uit de grond. Als je het hele jaar door water geeft, worden de planten afhankelijk en ontwikkelen hun wortels zich niet onder ideale omstandigheden. De plant wordt dan gevoelig voor uitdroging.
Geef na de eerste zomer na de beplanting geen water meer.

Bewust begieten

Iedere plant kan worden uitgerust met een druppelaar, zodat je hem de precieze hoeveelheid water kunt geven. Eenvoudige of ingewikkelde systemen zijn verkrijgbaar in speciaalzaken.
Het moment waarop water wordt gegeven, is ook belangrijk. Geef in de lente 's ochtends water. Kies in de zomer voor het vallen van de avond, omdat het water op die manier langer in de grond blijft.

Door de aarde in de bloembedden aan de oppervlakte om te woelen, verdampt er minder water. Ook groeit er dan minder onkruid, dat een deel van het water opneemt.

Planten combineren

Waarom is het gunstig om planten te combineren? Omdat de planten bij een juiste combinatie profiteren van elkaars gunstige invloed! De tuinier kan proberen om schadelijke insecten weg te houden en om bestuivende en nuttige insecten te lokken, die gunstig zijn voor de groei van de planten.

Kruiden

Tomaat, peterselie en basilicum: tomatenplanten hebben een gunstige invloed op de moeizame ontkieming van peterselie. Basilicum beschermt de tomatenplant tegen bepaalde parasieten en ziekten en bevordert de smaak.
Tuinboon en dille of bonenkruid: zet dille of bonenkruid tussen de rijen tuinbonen tegen bladluis. Door de geur blijven ze weg.

Bloemen

Tomatenplant en afrikaantje: door de sterke geur van het afrikaantje blijven heel wat parasieten weg, waaronder bladluis. Daarnaast verstevigt het afrikaantje de aanzet van de tomatenplant en zorgt ervoor dat er meer tomaten zullen groeien.
Kool en dagschone: de dagschone trekt kleine wespen aan, die de vliegjes eten die op de kolen zitten.
Aardbeienplant en bernagie: de bernagie trekt veel bijen aan, die op hun beurt voor de bestuiving van de aardbeienplanten zorgen.

Hierboven: bernagie is honinggevend en lokt nuttige bijen de tuin in.

Tomatenplant en Oost-Indische kers: Oost-Indische kers houdt de meeldauw weg, die een plaag is voor de tomatenplant.
Paprika en geurende geranium: de geurende geranium houdt parasieten op afstand.
Aardappel en vlas: vlas verjaagt de coloradokever, wat voor een betere aardappeloogst zal zorgen.
Pompoen en zonnebloem: zet pompoenen onder de zonnebloemen, zodat de pompoenen in de schaduw staan en water vasthouden. Op die manier hoeft er minder water te worden gegeven.
Aubergine en phacelia: phacelia is een honingbloem en trekt bijen aan, wat voor een snellere bestuiving van de aubergines zorgt.
Aardappel en litchitomaat: litchitomaat trekt coloradokevers aan. Doordat deze insecten de bloemen eten, zullen de aardappelplanten gespaard blijven.

Groenten

Wortel, ui en sjalotten: ui en sjalotten houden de vliegen bij de wortels weg.
Aalbessenstruik en tomatenplant: door de tomaten zitten er minder insecten op de aalbessenstruiken.
Prei en wortel: wortel houdt wormen weg bij de prei en prei verjaagt de vlieg van de wortel.
Wortel en radijs: wortel zorgt voor een zachtere smaak van de radijs. Radijs houdt de rode spinnetjes weg bij de wortel.
Perzikboom en knoflook: plant knoflook rondom de boom om de krulziekte van de perzikboom te voorkomen. Deze combinatie werkt net zo goed als een behandeling.
Raap en venkel: plant een rij venkel om de aardvlo of de vliegjes van de raap te verjagen.

Zelf compost maken

Door te composteren reduceer je het afval op natuurlijke wijze. Ook zijn de vuilniszakken minder snel vol, met alle positieve gevolgen voor het milieu. Compost van een goede kwaliteit kan worden gebruikt om de grond in de tuin te voeden.

Afval

Planten groeien snel of minder snel, al naargelang de soort. Het tuinafval, zoals takken, uitgebloeide bloemen of gemaaid gras, vormt algauw een flinke berg. Gelukkig kan de tuinder dit afval gemakkelijk recyclen.
Door het inrichten van een compostplaats kan dit afval tot compost worden en in de tuin worden hergebruikt. Dik snoeihout kan in kleine stukken worden gehakt om beter te kunnen composteren. Na enkele maanden kan de compost worden uitgespreid in de moestuin of in de perken, om zo de grond van extra voeding te voorzien.

Compostbak

Er zijn verschillende soorten compostbakken op de markt, met al dan niet een opening om de compost eruit te kunnen halen als die klaar is om te worden hergebruikt. Een compostbak is handig om het afval te laten composteren. Helemaal ideaal is het om twee identieke bakken naast elkaar te plaatsen: één voor het vochtige, en één voor het droge afval, om op die manier een perfect mengsel te verkrijgen.

> **Een bak of een hoop?**
> Het gebruik van een compostbak is handig om het afval netjes in kwijt te kunnen. Maar je kunt ook alles op een hoop gooien, achter in de tuin. Beide manieren hebben zo hun voor- en nadelen. In beide gevallen is het raadzaam om de compost uit het zicht te plaatsen, en niet te dicht bij de afscheiding met de buren om hun geen overlast te bezorgen.

Afval fijnmalen

Hoe kleiner het afval, hoe sneller het zal composteren. Gebruik zo veel mogelijk een motorhakselaar voor de te grote stukken snoeihout.
Er bestaan verschillende soorten hakselaars. Kies het gereedschap dat het beste past bij de omvang van de tuin en bij de hoeveelheid takken die moeten worden verwerkt. Houd ook rekening met de maximumdoorsnede van takken die de hakselaar aankan.

De BRF-methode (een afkorting van het Franse *bois raméal fragmenté*, wat zoiets betekent als 'versplinterd hout') komt oorspronkelijk uit Canada. De grond wordt volgens deze methode bedekt met het afval van het fijngemalen hout. Deze voedselrijke laag kan ieder jaar opnieuw worden aangebracht.

Onderhoud

De compost moet vochtig blijven om gemakkelijker door de micro-organismen tot compost te worden verwerkt.
Hoewel, als het te nat is, wordt het een grote hoop waar geen lucht bij kan komen, en stopt het proces.
Als het te droog is, drogen de micro-organismen uit en sterven af, terwijl ze juist hard nodig zijn voor de compostverwerking.

Composteerbevorderaars

In de natuur bestaan natuurlijke middelen die het composteren bevorderen en het proces versnellen, zoals smeerwortel en brandnetel. Voeg 200 gram natuurlijke compostbevorderaar bij iedere laag afval van 20 centimeter, en giet er water overheen. Breng na een maand lucht in de composthoop door het geheel met een riek om te woelen. Toch kan het aandachtig controleren van de composthoop een even goed resultaat geven, vooral wanneer het regelmatig gebeurt en wanneer er in de zomer water wordt toegevoegd.

Om lucht in de composthoop te brengen, de verdichting van de grond te beperken en het compostproces te versnellen, is het van belang de hoop gedurende de eerste maand wekelijks om te woelen, en vervolgens eenmaal per maand.

Na twee maanden tot twee jaar – afhankelijk van het gebruikte afval en het bijhouden van de hoop – is de compost gereed voor gebruik in de tuin. De compost is dan zwart van kleur en heeft een lekkere bosgeur. Als het zacht aanvoelt en gemakkelijk tussen de vingers uiteenvalt, kan het in de perken worden uitgestrooid.

Zowel in de tuin als in het bos verkwikt compost de grond en voegt er extra voeding aan toe. Ook zorgt compost ervoor dat het water minder snel wegvloeit. Deze natuurlijke 'voeding' mag alleen worden gebruikt als het helemaal gecomposteerd is, en is niet geschikt voor gebruik op zaailand.

Gebruik

Bedek de grond in de herfst, na het schoonmaken van de perken, met 1-2 centimeter compost. Vermeng het daarna eventueel met de grond met behulp van een schoffel of een riek, maar woel de grond niet te diep om, om geen wortels te beschadigen of nuttige diertjes te verstoren.

Wat kun je gebruiken?
Compost mag alleen bestaan uit **organisch materiaal** zoals gemaaid gras, snoeihout en dorre bladeren. Ook **huisafval** mag erbij worden gedaan, als het maar plantaardig is: schillen, fruit, groenten, as, verwelkte bloemen, papier en karton. Een goed evenwicht tussen deze verschillende materialen heeft invloed op de kwaliteit van de compost.

Wat moet je zeker niet gebruiken?
De compostbak is geen vuilnisbak waar je zomaar alles in kunt gooien. **Dierlijk afval** mag er niet in, en **plastic**, **metaal** of **glas** al helemaal niet. Synthetische stoffen, chemische producten, kattenbakvulling en stofzuigerzakken zijn natuurlijk ook uit den boze. Doe er ook geen **zieke bladeren** bij, **fruit dat van de boom is gevallen** en **doorgeschoten onkruid**. De warmte is niet voldoende om sporen van schimmels en zaadkorrels van onkruid en groenten en fruit te ontbinden. Voeg je ze toch toe, dan bestaat het risico dat de gezonde planten worden aangetast of dat er ongewenste planten gaan groeien nadat de compost over de grond is uitgesmeerd.

Vochtig en droog afval scheiden
Een goed mengsel van droog afval (zoals takken, houtsplinters en papier) en vochtig afval (zoals gemaaid gras, bloemen en blad) geeft een goed eindresultaat. Droog afval laat lucht door. Te veel gemaaid gras maakt de compost te compact en laat geen lucht door, terwijl lucht nu juist zo belangrijk is voor het composteerproces.

Zelf gier maken

Aftreksels, mest en preparaten kunnen in de tuin nuttig zijn en worden niet voor niets al sinds de oudheid gebruikt. Maar zoals voor alle verzorgende middelen geldt ook hier dat ze met beleid en met mate moeten worden gebruikt.

Brandnetelgier

De brandnetel is een grasachtige plant die op rijke bodems groeit. De bekendste soorten zijn de grote brandnetel (*Urtica dioica*) en de kleine brandnetel (*Urtica urens*). Omdat deze plant rijk is aan stikstof, is het een geweldige groeibevorderaar, een versterkend middel voor planten en, dankzij de geur, een goede insectenverdrijver. Bereiding: laat 1,5 kilo fijngehakte brandnetelbladeren (neem jonge loten die nog niet bloeien) in 10 liter water weken (bij voorkeur regenwater). Roer van tijd tot tijd. Na ongeveer twee weken is de gier klaar voor gebruik.

Links: brandnetelgier, onmisbaar in de natuurlijke tuin!

Aftreksel van paardenstaart

Paardenstaart (*Equisetum arvense*) is een wilde plant die veel kiezelaarde bevat, die de eigenschap heeft de weerstand van planten te verhogen tegen schimmelziekten (meeldauw, oïdium, enzovoort).
Bereiding: laat 100 gram verse bladeren 24 uur in 1 liter regenwater weken. Laat het vervolgens gedurende 30 minuten koken en laat het afkoelen. Filter het met behulp van een koffiefilterzakje. Giet het aftreksel na het planten of uitplanten over de grond, die hierdoor wordt gereinigd en opgepept.

Onkruid?
Paardenstaart wordt net als brandnetel beschouwd als overwoekerend onkruid. Toch zijn beide planten in de tuin van groot nut. Brandnetel wordt vaak in de keuken gebruikt. Het begrip 'onkruid' is niet altijd van toepassing!

Aftreksel van boerenwormkruid

Boerenwormkruid (*Tanacetum vulgare*) is een eenvoudige, nogal woekerende groene of bontgekleurde plant. De indringende geur valt meteen op. Een aftreksel van boerenwormkruid is een uitstekend middel om kleine, schadelijke insecten te verdrijven (aardvlooien, appelbladrollers, vliegen, nachtvlinders, koolwitjes, bladluizen, mieren).
Bereiding: voeg 5 liter water toe aan 200 gram boerenwormkruid. Breng het aan de kook en laat het 30 minuten doorkoken. Af laten koelen en vervolgens filteren. Besproei de aangetaste planten ermee.

Infusie van rabarber

Alleen de bladsteel van de rabarber is eetbaar; de bladeren zijn giftig. Een preparaat van de bladeren kan worden gebruikt tegen preimot en zwarte bladluis.
Bereiding: voeg 1,5 kilo rabarberbladeren toe aan 10 liter water. Breng het aan de kook, haal het van het vuur af en laat het nog 24 uur weken. Filter dit mengsel en verstuif het preparaat onverdund.

Smeerwortelgier

Smeerwortel (*Symphytum officinale*) staat bekend om zijn wondgenezende eigenschappen, zijn gunstige invloed bij botbreuken en is een groenbemesting die van groot nut is in de moestuin. De gier is rijk aan stikstof en aan kali, en heeft een gunstige invloed op de groei en bloei van planten.
Bereiding: laat 1 kilo smeerwortelblad gedurende 1 week in 10 liter water weken. Filter het mengsel en verdun het met water in een verhouding van 1 op 20 voor besproeiing van bladeren, en met een kwart voor het begieten van de plant op de grond.

> **Gier bewaren**
> Gier kan enkele maanden worden bewaard. Het is echter aan te raden om niet meer te bereiden dan de hoeveelheid die je nodig hebt, zodat je het niet hoeft te bewaren en niet in de verleiding komt om te veel toe te voegen aan de grond. De gier moet regelmatig worden doorgeroerd omdat het anders gaat stinken.

Vliergier

De zwarte vlier (*Sambucus nigra*) is bekend door het gebruik van de zwarte bessen in wijn en gelei. Rauw zijn ze giftig. In de tuin houdt de zwarte vlier bladluis, koolwitjes, preimotten, aardvlooien, trips en nachtvlinders weg, maar ook knaagdieren die de wortels van planten kunnen beschadigen.
Bereiding: laat 1 kilo bladeren, takjes, bloemen en vruchten gedurende minimaal 2 dagen in 10 liter water weken. Filter de gier en verstuif hem onverdund.

Varengier

De adelaarsvaren, ook wel gewone varen genoemd, is de meest voorkomende soort. De hele plant is giftig. Varengier wordt gebruikt tegen bladluis, slakken en naaktslakken.
Bereiding: laat 850 gram blaadjes gedurende 1 week in 10 liter regenwater weken. Dit mengsel kan op de planten worden gesproeid.

Tomatengier

De tomaat, koning van de moestuin, kan als preventieve gier worden gebruikt tegen preimotten, aardvlooien en koolwitjes. Ook bestrijdt het bladluis.
Bereiding: laat 1 kilo fijngehakt blad en takjes gedurende minimaal 12 uur en maximaal 3 dagen in 10 liter regenwater weken. Het mengsel is onverdund te gebruiken. Ter voorkoming van bovenvermelde aandoeningen kunnen de vatbare planten iedere vier à vijf dagen worden besproeid.

Paardenbloemengier

De bekendste veldbloem is meer dan welkom in de moestuin! De geneeskrachtige eigenschappen van de paardenbloem behoeven geen introductie: bloedzuiverend, urineafdrijvend, laxerend, herstellend, opwekkend... Als gier heeft het een gunstige invloed op de kwaliteit van de groenten.
Bereiding: laat 2 kilo hele planten (met wortel) gedurende minstens 3 dagen in 10 liter water weken. Verdun de gier met water in een verhouding van 1 op 5 en begiet de grond in de lente en in de herfst.

Een goed middel
Ook al is een middel natuurlijk, toch moet je er nog niet te veel van gebruiken. Dit geldt ook voor het gebruik van aftreksels en preparaten. Gebruik de hoeveelheid die voor het te bestrijden probleem nodig is. Te veel sproeien of toevoegen kan in ieder geval schadelijk zijn voor de natuur. Gebruik een middel alleen als het echt nodig is.

Nuttige beestjes herkennen

Nuttige beestjes in de tuin zijn de beste vrienden van de tuinier! Als je ze hun gang laat gaan, zullen ze zich zeer nuttig maken en de planten doeltreffend beschermen tegen parasieten.

Hoe trek je ze aan?
De bloemenmengsels voor bloemenvelden zijn zo samengesteld, dat er bijen, lieveheersbeestjes en vlinders op afkomen. Kamperfoelie, sneeuwbes, liguster en de vuurdoorn trekken ook vogels aan.

Een biologische tuin is een ideale plek voor vogels en andere dieren die ons van groot nut zijn. Ze helpen ons de planten tegen veel plagen te beschermen.
Vogels, zoals de mees, eten in de lente veel rupsen. Vleermuizen slapen overdag en gaan 's nachts op jacht naar insecten.
Egels doorzoeken continu de hele tuin, op zoek naar naaktslakken en parasieten.
En zelfs kikkers doen zich te goed aan grote hoeveelheden ongedierte.
Op het menu van lieveheersbeestjes staan bladluizen, en goudoogjes smullen van schildluizen, die voor veel planten een bedreiging vormen.
In de winkel zijn hutten, nestkastjes en voerbakken verkrijgbaar voor deze kleine vrienden van de tuinier.

Goudtor

Als larve lijkt de goudtor op de larve van de kever: een dikke, witte worm. De goudtor versnelt de compostverwerking aanzienlijk. Hij verslindt het afval in de compostbak en scheidt het gecomposteerd en wel weer uit. Als je deze tor in de composthoop aantreft, laat hem dan vooral zijn gang gaan, want hij bewijst je een grote dienst

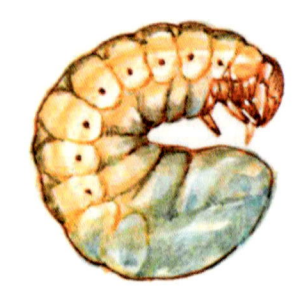

Goudoogje

Het goudoogje is een klein, vliegend insect met een fluorescerend groen lijf, lange, doorzichtige vleugels en gele oogjes. Hij lijkt op de eendagsvlieg. Als larve kan hij ruim 600 bladluizen per dag eten, maar motschildluizen, schildluizen, trips en mijtachtige insecten vindt hij ook zeer de moeite waard! Hij is van april tot september in de tuin te vinden, waarna hij een winterslaap houdt

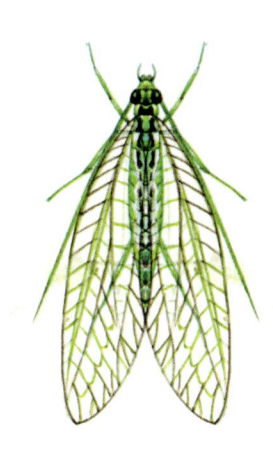

Lieveheersbeestje

Er zijn meer dan 200 soorten lieveheersbeestjes. De rode is de meest bekende, maar er zijn ook zwarte, oranje, gele en bruine. Als larve eet hij 100-150 bladluizen per dag, zowel grijze, groene als zwarte: hij lust ze allemaal! Het lieveheersbeestje is van april tot oktober in de tuin te vinden, waarna hij zijn winterslaap houdt.

Aziatische lieveheersbeestjes
Aziatische lieveheersbeestjes werden enkele jaren geleden in groten getale losgelaten. Met honderden tegelijk gaan ze op de muren van huizen zitten om een plekje voor de winter te zoeken. De tuinier ziet zich genoodzaakt om ze te doden, om te voorkomen dat het een plaag wordt.

Pad

De pad eet veel naaktslakken. Hij gaat 's nachts op pad, als de slakken zich op de kroppen sla hebben gestort. De pad jaagt van april tot september.

Egel

Egels zijn dol op adders en naaktslakken. In het begin van de lente, in maart, ontwaken ze uit hun winterslaap. Ze leven in de tuin en houden tot september de moestuin vrij van parasieten.

Vogels

Vogels zijn ware levende insectenverdelgers. De mees, bijvoorbeeld, eet in de lente dagelijks een hoeveelheid bladluizen die gelijk is aan zijn eigen lichaamsgewicht: bijna 10 gram! Hij zorgt op ongeëvenaarde wijze voor een natuurlijk evenwicht en mag van april tot oktober zeker niet in de tuin ontbreken!

Vogelhuisjes

Je kunt het nuttige met het aangename verenigen door vogelhuisjes in de tuin te hangen voor de behulpzame vrienden van de tuinier. Zo kun je ze observeren en blijven ze dicht bij de planten. Door bijvoorbeeld nestkasten voor mezen op te hangen, is de kans groot dat deze vogel zijn intrek in de tuin zal nemen.

Rechts: hang de nestkasten hoog op, zodat vijanden er niet bij kunnen.

Draadworm

Draadwormen zijn doeltreffende micro-organismen in de bestrijding tegen engerlingen, naaktslakken en humusvliegjes. Doordat ze in de grond zitten, kunnen ze gemakkelijk bij de schadelijke larven komen, waar ze bacteriën uitscheiden die de larven tot gemakkelijk te verteren voedsel maken. De draadworm zelf is onschadelijk voor mensen, planten en huisdieren.

Mol

De mol is een grappig beest en in de moestuin van groot nut. Natuurlijk kan hij op de zenuwen werken met al die molshopen hier en daar, maar pas op! Door de grond om te woelen, helpt hij de tuinier een gezonde grond te behouden. Bovendien eet hij insecten en verwijdert dus schadelijke insecten uit de grond. De aarde van de molshoop is ideaal voor gebruik in de zaaibedden.

Vos

Hoewel de vos vaak wordt verwenst, is hij toch van nut in de tuin. Er bestaat geen beter middel tegen veldmuizen. Een vos kan jaarlijks wel 8000 veldmuizen verslinden... wie doet hem dat na? Maar houd de kippetjes in het oog!

Problemen tijdens het kweken ontdekken

Houd de ontwikkeling van de planten nauwlettend in de gaten. In een natuurlijke tuin gaat het om gezond verstand. Zo kunnen potplanten last krijgen van bladval doordat ze verkeerd worden neergezet ten opzichte van de zon. Gekwalificeerd personeel in tuincentra en rubrieken in kranten en op de radio en internet zijn er om te helpen, twijfel daarom niet om advies in te winnen.

Geel blad

Afgezien van wat sierplanten met gekleurd, lichtgroen of donkergroen blad, heeft het overgrote merendeel van planten groen blad. Als de bladeren tijdens de groei geel worden, heeft de plant ergens van te lijden. Bekijk de leefomstandigheden, de omgeving of het gedeelte van de plant dat boven de grond uitsteekt, want ergens moet het probleem schuilen. Als er bijvoorbeeld te weinig lichtval is, kan het verplaatsen van de plant ervoor zorgen dat de kleur weer terugkomt.

Droog blad

De wind, de warmte, te veel of te weinig water, vorst... kunnen allemaal de oorzaak zijn van het uitdrogen van bladeren. Meestal worden bladeren eerst geel voordat ze uitdrogen. Het blad is onmisbaar voor het in leven blijven van een plant, en het is daarom onverstandig om te lang te wachten met het ondernemen van actie. Te veel water geven zodat het in het schoteltje blijft staan, of te weinig water geven en een te droge grond kunnen allemaal het uitdrogen van de bladeren als gevolg hebben. Win voor iedere plantensoort informatie in over de juiste hoeveelheid water.

Gevlekt blad

Vaak verraadt een vlek de aanwezigheid van een microscopische schimmel op het blad. Die schimmels verschillen in kleur en afkomst, al naargelang de plantensoort. Gier en schimmelwerende middelen kunnen uitkomst bieden.
In het geval van oïdium (witte vlekken), smeer er een middel op dat bestaat uit één deel volle melk op negen delen water. Verwijder de bladeren die te zeer zijn aangetast.
Tegen schurft (bruine vlekken) bestaat geen behandeling.
Verwijder de aangetaste vruchten en bladeren voor de zekerheid, en gooi ze niet op de composthoop. Brandnetelgier en aftreksel van paardenstaart hebben een gunstige werking op de weerstand van de bladeren.

Gekruld blad

Het blad kan door insectenbeten of gebrek aan water gaan krullen. Het is zaak om dan snel actie te ondernemen. Door de bladeren te bekijken en de toevoer van water te controleren, kan het probleem meestal worden verholpen.
Op de appelboom, bijvoorbeeld, krullen en drogen de bladeren uit door toedoen van beten van de melige bladluis. Plak repen vogellijm op de boomstam om mieren weg te houden. Plant een bloemenveld en phacelia rondom de boom om insecten als zweefvliegjes, lieveheersbeestjes en goudoogjes aan te trekken, die zich voeden met bladluis.

Uitgedroogde takjes

Aan het einde van de winter zitten er vaak uitgedroogde takjes aan de planten die het minst bestand zijn tegen de kou. Het volstaat om deze droge takjes te verwijderen.
In de herfst en de lente zitten er vaak droge takjes aan de planten die in de volle grond staan. Het wortelstelsel heeft zich nog niet totaal ontwikkeld en de plant kan gedurende de eerste zomer te lijden hebben onder een tekort aan water. Bedek de aarde goed met stro of een ander geschikt materiaal en knip de droge takjes af. Geef in de zomer opgevangen regenwater.

Aangevreten blad

Parasieten, zoals naaktslakken, slakken of lapsnuitkevers, kunnen op het blad zuigen, dat vervolgens geel wordt, of ze kunnen het gebladerte aanvreten. Zodra je in de gaten krijgt welk insect de schade toebrengt, kun je het juiste middel gebruiken of de insecten handmatig verwijderen. Lapsnuitkevers maken ronde gaten aan de rand van het blad. Deze kevers kun je op natuurlijke wijze verwijderen door het inzetten van draadwormen (kleine, microscopische wormen die je aan het sproeiwater kunt toevoegen), die in de lente in tuincentra te koop zijn.

Hieronder: om te voorkomen dat naaktslakken de bladeren van de hosta opvreten, kun je as in een kring om de planten strooien: een natuurlijker middel is er niet!

Valkuilen tijdens het kweken

Het zijn lang niet altijd parasieten of ziekten die een plant aantasten. Sterker nog, verstoringen tijdens het kweken komen veel vaker voor. Een behandeling is hierbij niet nodig, maar de plant is misschien niet geschikt of de tuinier moet anders te werk gaan. Begin in ieder geval geen behandeling zonder de precieze oorzaak van het probleem te kennen.

Tocht

Bepaalde planten zijn zeer gevoelig voor tocht. Zet ze uit de koude wind door ze vlak bij een muur of schutting te planten. Tocht kan een plant zo verzwakken dat hij uitdroogt of bevriest.

Vorst

Eenjarige en tweejarige planten kunnen meestal niet tegen vorst. Verplant zomerbloemen en groenten pas als je zeker weet dat het niet meer gaat vriezen. Vorst kan schadelijk zijn voor het gedeelte van de plant dat boven de grond uitsteekt, want het weefsel kan bevriezen en gaan rotten. Maar nog belangrijker zijn de wortels: als de jonge haarwortels bevriezen, zal de plant dat niet overleven. Bedek de aarde rondom de plant volledig met een laag stro of een ander geschikt materiaal van ten minste 7 centimeter dik.

Te weinig water

Zelfs het kleinste plantje midden in de woestijn heeft wat druppeltjes ochtenddauw nodig om te kunnen leven! Afhankelijk van de soort is er meer of minder water nodig. Spring bij als het regenwater te lang op zich laat wachten. Gebruik dan bij voorkeur opgevangen regenwater en denk aan de laag stro of een ander geschikt materiaal om verdamping tegen te gaan.

Te veel water

Een tekort aan water brengt schade toe aan een plant, maar het omgekeerde is ook het geval. Te veel water doodt de plant, tenminste, als het geen waterplant is! Ook hier schuilt het gevaar in de haarwortels. De kleine wortels leveren de plant voedsel en water, maar lopen het risico te verdrinken als er sprake is van te veel water dat niet kan wegvloeien. Zorg voor afwatering van de grond om het probleem te verhelpen. Stop tijdens het planten grind of balletjes klei onder in de pot of de kuil in de grond.

Te veel bemesting

Als de plant niet genoeg voedsel krijgt, lijdt hij aan een tekort aan voedingsstoffen en ontwikkelt hij zich niet op een normale wijze.
Maar te veel bemesting beschadigt de wortels die de plant van voeding voorzien. In dat geval kan de plant de sporenelementen niet meer opnemen en loopt dan ook gevaar.
Als de meststof uit korrels of staafjes bestaat, verwijder dan dat wat zichtbaar is. Als de meststof vloeibaar is, geef de plant dan overvloedig water zodat het teveel wordt weggespoeld.

Insecten en parasieten herkennen

Het lieveheersbeestje en het goudoogje zijn hulpvaardige vrienden, maar er zijn ook insecten die we moeten vrezen! In de tuin bevinden zich veel insecten. Als je ze kent, is het gemakkelijker om in te spelen op eventuele schade die ze kunnen veroorzaken.

Motschildluis

De motschildluis of 'witte vlieg' is een piepklein insect (3 mm). Hij eet allerlei soorten, maar vooral de komkommerachtige en nachtschadeachtige planten (tomaat, aubergine). De larven en de volgroeide insecten zuigen het sap uit de planten, waardoor deze dood kunnen gaan. Daarnaast scheiden deze schadelijke insecten honingdauw uit, waardoor het bladgroen moeilijker bestanddelen kan omzetten, en waarop zich bacteriën en schadelijke schimmels kunnen ontwikkelen.

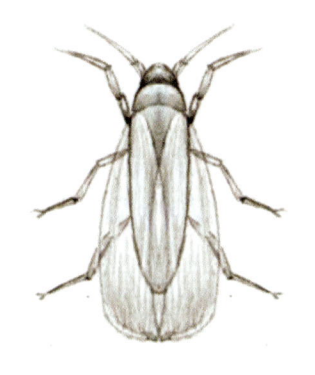

Appelbladroller

De appelbladroller is een kleine vlinder. De larve is een rups die in onrijp fruit kruipt en zich tot in de kern vreet. Hij teistert pruimenbomen, perenbomen en appelbomen. Het vrouwtje legt haar eitjes meestal in juni en juli, afhankelijk van de temperatuur.

Rups

Voordat rupsen zich tot vlinder transformeren, knabbelen ze vrolijk aan de planten. Dit kan een echte ravage in de tuin veroorzaken als ze in grote aantallen alle blaadjes verslinden! Zonder blad kan een gewas moeilijk groeien, laat staan bloemen en vruchten voortbrengen.

Schildluis

De schildluis is een schadelijk insect dat zich niet voortbeweegt. Hij voedt zich met het sap van bepaalde planten door zich vast te klemmen aan de takken of bladeren, en scheidt een wollige substantie af die bestaat uit draadjes of wasachtige schilfertjes. Een aangetaste plant vertoont zwarte vlekken op de bladeren. De giftige stof hoopt zich op en kan een infectie veroorzaken waardoor het blad uiteindelijk afsterft.

Coloradokever

Coloradokevers houden hun winterslaap onder de grond en komen in de lente, zodra de zon krachtig genoeg schijnt, weer boven. Deze insecten voeden zich met bladeren en zelfs takjes van aardappelplanten en andere nachtschadegewassen, zoals tomatenplanten. De volgroeide insecten leggen hun geeloranje eitjes aan de onderkant van bladeren. De zeer gulzige larfjes worden na tien à vijftien dagen geboren en storten zich meteen op de bladeren.

Lapsnuitkever

De lapsnuitkever is een insect van 8-12 millimeter groot, met een metaalachtig groen schild met gele stipjes. Hij zit vooral op rozenstruiken, rododendrons, seringen en laurierkers, waar hij zich te goed doet aan de bladeren. Je ziet hem vooral in april en mei en hij is 's nachts zeer actief.
Vanaf april legt het vrouwtje eitjes onder de grond. De grootste schade wordt door de larven toegebracht, doordat ze de plantenwortels opknabbelen.

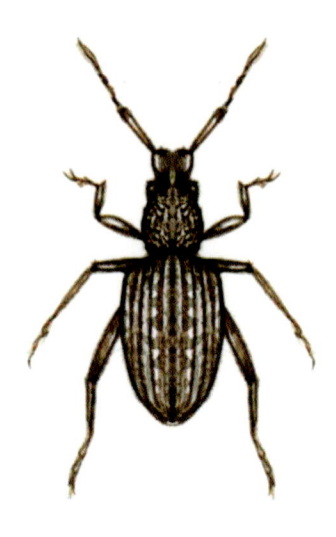

Slak

Alle slakken, ongeacht hun grootte en vorm, zijn buikpotigen. Als het regent zijn ze in de tuin actief en eten dan de planten, te beginnen bij het blad.

Naaktslak

Ook naaktslakken zijn buikpotigen, maar ze dragen geen slakkenhuis. De grootste worden ook wel 'modderkruipers' genoemd. De grote naaktslak en de kleine grijze slak zijn vooral 's nachts actief en als het regent. Ze eten het gedeelte van planten dat boven de grond uitsteekt, terwijl kleine naaktslakken vooral in de grond leven en zich te goed doen aan het gedeelte van planten dat zich onder de grond bevindt.

Insecten en parasieten	De planten die ze aantasten
Appelbladroller	kastanjeboom, perenboom, appelboom
Bladluis	althea, aubergine, Oost-Indische kers, kersenboom, komkommer, pompoen, dahlia, esdoorn, tuinboon, bonen, perenboom, appelboom, rozenstruik, tomatenplant
Bladvlo	els, berk, buxus, vijgenboom, laurier, perenboom, lindeboom
Coloradokever	aubergine, litchitomaat, Spaanse peper, paprika, aardappelplant, tomatenplant
Engerlingen	alle grasachtige planten en de jonge wortels van struiken
Lapsnuitkever	aardbeienplant, sering, liguster en andere winterharde en eenjarige planten
Mijtachtigen	haagbeuk, spar, palmboom, appelboom, rozenstruik, lindeboom en bloemen in bloemperken
Motschildluis	aubergine, brugmansia, komkommer, pompoen, courgette, fuchsia, hibiscus, tomaat, liguster
Rups	zwartebessenstruik, kersenboom, aalbessenstruik
Schildluis	citrusvruchten, cactusachtigen, camelia, hortensia, hulst, oleander, moerbeiboom, olijfboom, palmboom, perzikboom, perenboom, appelboom, sophora, druif
Slak en naaktslak	alle planten in de moestuin en jonge scheuten van bloemplanten

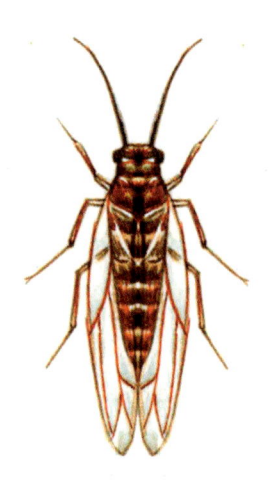

Bladvlo

De bladvlo – de naam zegt het al – is een vlo. Dit kleine insect voedt zich met plantensap en scheidt veel honingdauw af. Er zijn meer dan tien soorten, met ieder hun eigen voorkeur (perenbladvlo, essenbladvlo, bladvlo op de lindeboom...).
Bladvlooien zijn 1,5-6 millimeter groot. Met hun compacte, gedrongen vorm lijken ze op kleine cicaden, maar dan met langere, dunnere voelsprieten en een dikkere kop. Het zijn actieve beestjes die hun sprongen afwisselen met korte stukjes vliegen.

Bladluis

Bladluizen zijn zwart, grijs of groen en echte 'vampiers'. Ze zitten op gewassen en voeden zich gulzig met het plantensap. Zonder dit sap kan de plant niet leven. Bladluizen geven de voorkeur aan rozenstruiken, maar houden ook van veel planten in de moestuin (courgette, komkommer, meloen, tuinboon, Oost-Indische kers...).

Engerling

De engerling is de larve van de meikever. Hij leeft onder de grond en voedt zich met rottende gewassen. In de herfst verbergt hij zich onder grond om daar de winter door te brengen. In de lente vreet hij de wortels van de hem omringende planten. De meikever leeft ongeveer drie jaar en kan veel schade aan de tuin toebrengen. De engerling is gemakkelijk te verwarren met de larve van de goudtor, die een gunstig effect heeft op de composthoop.

Biodiversiteit
Ook al zijn er veel schadelijke insecten, er zijn in de natuur ook veel dieren die zich voeden met deze insecten en op die manier hun aantal en daarmee de schade in de tuin beperken. Bloemenvelden trekken deze insecten aan en zorgen zo voor een gezond evenwicht in de natuur.

Ziekten opsporen

Plantenziekten worden meestal veroorzaakt door microscopische schimmels. In plaats van direct over te gaan tot behandeling van de plant, verdient het de voorkeur om aangetaste planten en vruchten zo vaak mogelijk uit de tuin te verwijderen. Gebruik dit afval niet voor de composthoop, want de schimmel kan de ziekte verspreiden.

Antracnose

Antracnose wordt beschouwd als een ongevaarlijke plantenziekte waarbij het gebladerte snel uitdroogt. Deze microscopische schimmel komt vooral voor op stikstofhoudende grond waar te weinig licht bij komt of waar de temperatuur hoog oploopt. De aangetaste bladeren vallen dan vroegtijdig van de boom. Raap de aangetaste bladeren op en pluk ze van de boom om ze vervolgens te verbranden. Ter preventie kun je de boom aan het einde van de winter besproeien met een schimmelwerend middel dat geschikt is voor de biologische landbouw.

Sporen
Sporen van schimmels zijn als microscopisch 'zaad'. Ze worden verspreid door de wind en de regen en breiden zich uit op de plant, vaak op plekken waar de plant is beschadigd door toedoen van insecten.

Krulziekte

De krulziekte brengt aanzienlijke schade toe aan perzik- en nectarinebomen, waarvan de bladeren opzwellen. De takken kunnen uitdrogen en de ziekte kan de vruchtvorming belemmeren. Deze microscopische schimmel gedijt goed bij koud en nat weer tijdens het ontluiken van de knoppen. Raap de aangetaste bladeren op en pluk ze van de boom om ze daarna te verbranden. Besproei de bladeren in de herfst preventief met een schimmelwerend middel dat geschikt is voor de biologische landbouw.

Oïdium

Oïdium is een microscopische schimmel die een witachtige poederlaag veroorzaakt op het gebladerte van planten. Deze schimmel krijgt vooral een kans bij vochtig, warm weer. Raap, om de schade te beperken, de aangetaste bladeren op, en zet de plant indien mogelijk op een droge, koele plek.

Water geven
De meeste schimmels gedijen goed in een vochtige omgeving, door regenwater of door het begieten. Giet, om het verspreiden van schimmelsporen te voorkomen, geen water op de bloemen en bladeren van planten die gevoelig zijn voor schimmel.

Meeldauw

Meeldauw wordt veroorzaakt door verschillende microscopische schimmels. De sporen worden door de wind en (regen)water verspreid en zetten zich vast op de bladeren of de takken van planten. Het blad krijgt rode vlekjes en droogt uiteindelijk helemaal uit. Een teveel aan stikstof, een te vaste grond en een vochtige omgeving werken meeldauw in de hand. Je kunt de aarde rondom de tomatenplanten aanaarden om de plant te beschermen. Het regenwater stroomt dan, en spat niet op, waardoor de meeldauw minder snel door het regenwater wordt verspreid. Plant basilicum in de buurt om de tomatenplant sterker te maken. Bedek de aarde rondom de tomatenplant met een absorberende laag (hennepstrooisel) om stilstaand water te voorkomen.

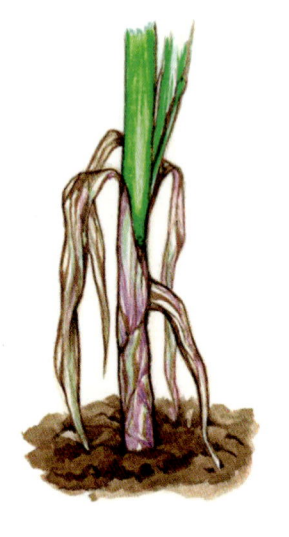

Grauwe schimmel

Botrytis is een microscopische schimmel die een grijs laagje 'stof' achterlaat op het blad of de stengel van kwetsbare planten. Deze rot komt voornamelijk voor bij vochtig weer, als de plant te weinig lucht en licht krijgt. Het komt vrij vaak voor op jonge eenjarige planten. Trek de zieke exemplaren uit de grond, breng lucht bij de planten door de grond rondom wat losser te maken. Geef minder vaak water. Je kunt een schimmelwerend middel gebruiken dat geschikt is voor de biologische landbouw.

Schurft

Schurft is een veelvoorkomende ziekte bij appel- en perenbomen. De vruchten bederven en splijten open, het blad kan vallen en de takken drogen uit. De sporen van schurft zitten 's winters onder de grond en verspreiden zich in de lente met behulp van de wind over de boom. Bepaalde soorten zijn beter bestand tegen deze schimmel. Vraag advies aan de verkoper. Als de boom is aangetast, raap dan de bladeren van de grond en verwijder de zieke vruchten. Ter preventie kun je vanaf het moment dat de bladeren vallen tot aan de bloei een schimmelwerend middel toepassen dat geschikt is voor biologische landbouw.

Valse meeldauw

Valse meeldauw komt vaak voor op rozenstruiken en veroorzaakt eerst gele vlekjes op het blad. Vervolgens worden deze vlekjes zwart en vallen de bladeren. In de lente vermenigvuldigen de sporen zich bij vochtig weer, en komen door de regen op het blad terecht. De infectie begint onder aan het gewas en werkt zich een weg naar boven. Raap de blaadjes van de grond en verbrand deze. Ter preventie kun je van eind maart tot eind mei een schimmelwerend middel toepassen dat geschikt is voor de biologische landbouw.

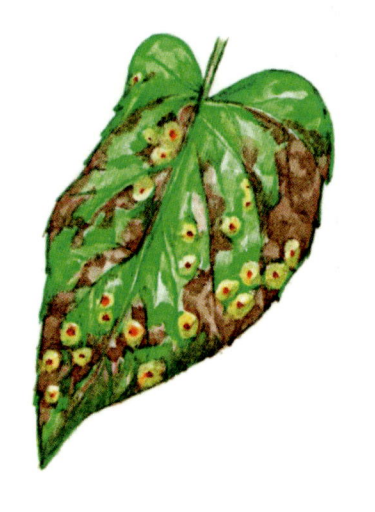

Plantenroest

Plantenroest wordt veroorzaakt door veel verschillende schimmels. Vaak tast het de plant aan nadat deze door insecten is beschadigd. De vlekjes zijn helder van kleur op de bovenkant van het blad, en bruin aan de onderkant. De sporen worden door de wind verspreid en verbreiden zich aan de onderkant van het blad. Raap de bladeren van de grond en verbrand deze. Pas zodra de vlekjes verschijnen een schimmelwerend middel toe dat geschikt is voor de biologische landbouw.

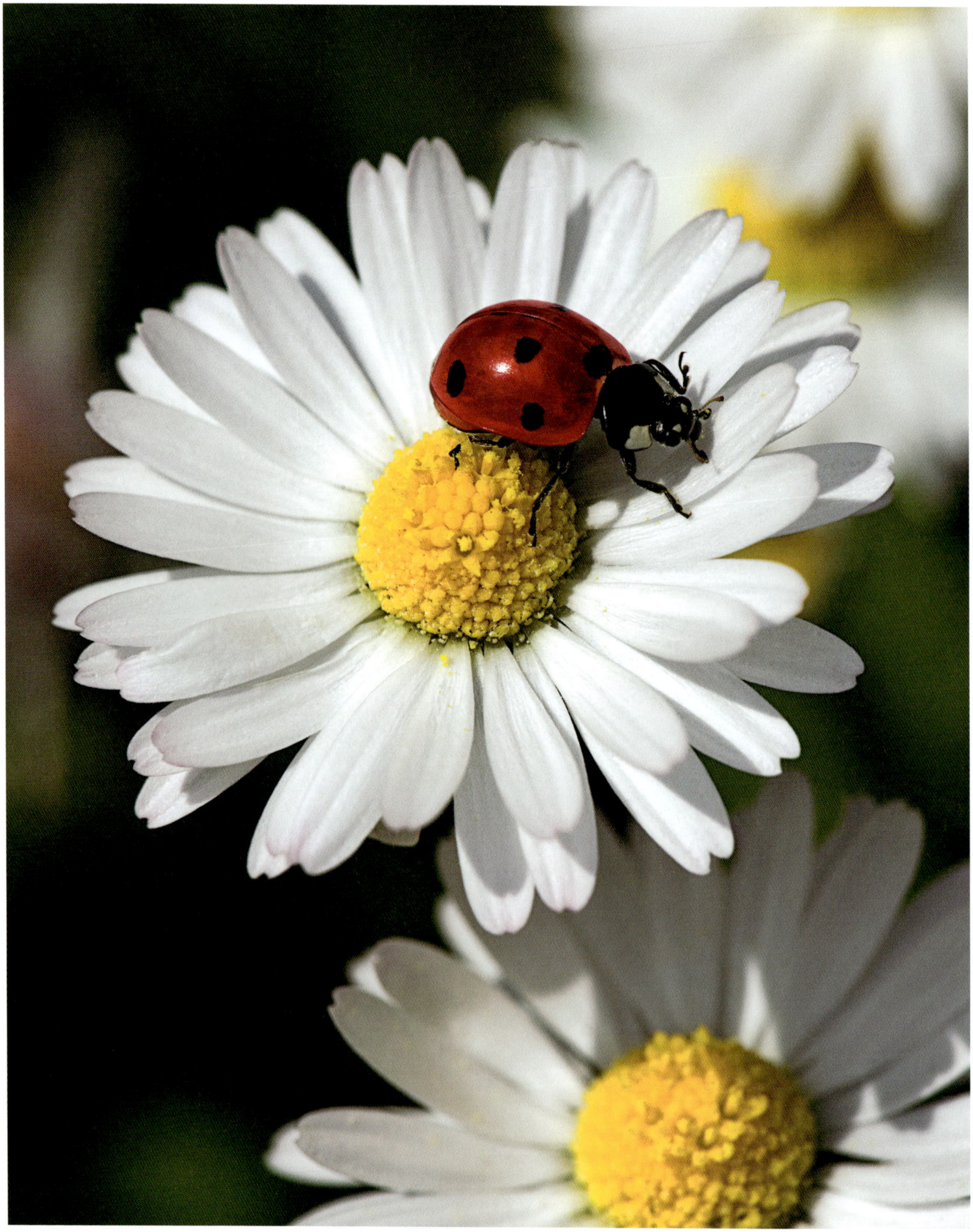

biologisch tuinieren
van **A** tot **Z**

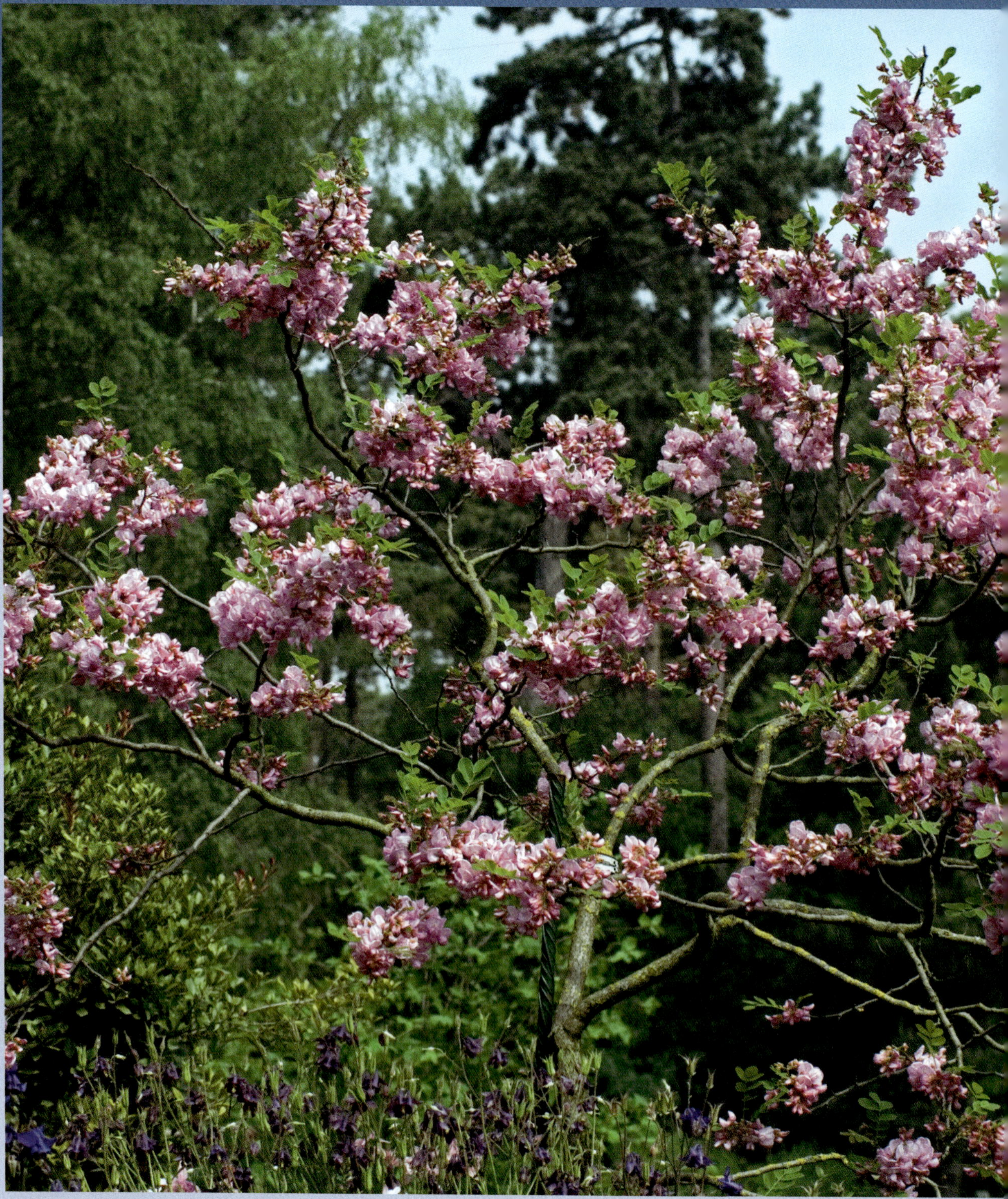

Sierbomen en -heesters

Bomen en heesters bepalen de vorm van een tuin. Ze worden geplant voordat de bloemen worden geplant en de perken en de moestuin worden aangelegd. De ligging moet zorgvuldig worden gekozen, waarbij je rekening moet houden met de omgeving en met de eigenschappen en de uiteindelijke vorm.

Zorg er bij het kiezen van de plek voor dat ze niet in de weg zullen staan, en houd in het achterhoofd dat er bij te veel schaduw veel mos op het gazon zal groeien. Onder dikke bomen kies je andere planten voor in de perken dan in de volle zon.

Een boom neemt ook water en voeding op uit het gebied dat onder de takken ligt. Leg daarom geen moestuin aan onder een boom, zodat de groenten veel zon krijgen en veel voeding uit de grond kunnen halen.

Sierbomen en -heesters

De juiste keuzes

Verschillende criteria kunnen een rol spelen bij het kiezen van de bomen. De bloeitijd, de kleur van de bloemen en van het fruit, de vorm van de boom, de kleur van de boomstam en van het gebladerte kunnen allemaal een rol spelen bij het kiezen van de ideale boom.

Het nut van bomen en heesters

Durf wat met de vorm te spelen. Afhankelijk van de plek kunnen ze een groene afscheiding vormen met de buren, beschutting bieden tegen de wind, schaduw geven aan de rand van het terras, een minder mooi hoekje van de tuin aan het oog onttrekken of een ideale plek vormen voor vogels.

Bomen zijn een ideale plek voor vogels, de natuurlijke insectenverdelgers.

De juiste keuzes

De uiteindelijke omvang

Voordat je een boom plant, is het van belang dat je weet wat de uiteindelijke omvang zal zijn. Ook al groeien bomen langzaam, ze kunnen verrassend groot worden. Als ze te dicht bij het zwembad, het huis of het terras worden geplant, kunnen ze uiteindelijk in de weg komen te staan. Denk vooruit!

Bladverliezend of groenblijvend?

Bladverliezende heesters verliezen aan het begin van de herfst, bij de eerste winterkoude hun bladeren. In februari ontstaan er weer knoppen en het nieuwe blad groeit van februari tot mei, afhankelijk van de streek en de soort.
Groenblijvende heesters, de naam zegt het al, behouden in de winter hun bladeren. Toch worden de bladeren van tijd tot tijd geel en vallen af, waarna er nieuwe komen. Vooral na de winter is het gebladerte wat meer beschadigd, maar geen nood: in de lente doet de plant nieuwe krachten op. Het is dus niet nodig om de plant te behandelen.

De treurwilg is een heerlijke plek voor vogels die er in de zomer beschutting vinden tegen de zon.

Boswachters bepalen het verschil tussen bomen en heesters afhankelijk van de hoogte. Een heester is in volgroeide staat minder dan 7 meter hoog, en een boom meer dan 7 meter hoog. In de tuin spreken we van bomen als de stam hoog is. Als de plant dichtbegroeid is, met meerdere vertakkingen vlak boven de grond, is het een heester.

Vruchtvorming

Na de bloeitijd groeien er aan de bomen en heesters vruchten die vaak eetbaar zijn, zoals het fruit aan fruitbomen of bosvruchten. Maar aan grote planten kunnen ook sierbessen groeien – een lekkernij voor vogels, die op die manier een voorraadje hebben voor in de winter.

Sierbomen en -heesters

Haag

Door een haag wordt een plek gecreëerd ter afscherming of om je even af te zonderen. Een haag is decoratief en bevordert de biodiversiteit. De heesters waaruit de haag bestaat, moeten van gelijke hoogte zijn. De tuinier zorgt ervoor dat ze deze hoogte behouden.

Boomgaard

De boomgaard moet ruimtelijk zijn: de fruitbomen moeten ver genoeg van elkaar worden geplant om optimaal te kunnen groeien. Het planten van verschillende soorten is gunstig voor de bestuiving door de bijen.

Bijenkorf
De bijenteelt was lang voorbehouden aan een kleine groep imkers. Vandaag de dag kan iedereen een bijenkorf in de tuin plaatsen. De werklustige bijen zorgen voor een goede fruitoogst: ze bestuiven de bloemen, die later de vruchten voortbrengen.

Moestuin

Bomen en heesters kunnen in of vlak bij de moestuin staan, zolang de groenten maar niet in de schaduw komen te staan. In de zomer hebben groenten 's middags veel zon nodig. Heesters met bosvruchten en aromatische heesters, zoals rozemarijn, lavendel en laurier, gaan uitstekend samen met de planten, want hun geur verdrijft de parasieten.

Naast lavendel en rozemarijn zijn andere heesters zeer geschikt voor in de moestuin: de kerrieplant met zijn kruidige geur, tijm voor op de barbecue en salie om kruidenthee van te trekken... En bovendien fleuren ze de moestuin op, zelfs in de winter.

De juiste plek

De juiste plek

Het kiezen van de juiste plek, dat is het geheim van de tuinier met een vooruitziende blik! Door de meest geschikte ligging te kiezen, waarbij je rekening houdt met de omvang van de plant in volgroeide staat en de omgeving, voorkom je ergernis.

Omvang

De ene boom groeit langzamer dan de andere, maar iedere soort bereikt een formaat dat van tevoren al vrij nauwkeurig vastligt. Afhankelijk van de omvang van de tuin kunnen er één of meerdere grote exemplaren worden geplant. Vergeet niet om bij de aanschaf te informeren naar de omvang in volgroeide staat, zodat je enkele jaren later niet voor verrassingen komt te staan!

Plant	Omvang in volgroeide staat	Doorsnede
Eik	40 meter	10 meter
Kersenboom	10 meter	3 meter
Rotsmispel	3 meter	2 meter
Rozemarijn	0,5 meter	0,5 meter
Rozenstruik	1,5 meter	1 meter
Spar	25 meter	10 meter

Bij het zwembad

Planten ontwikkelen takken en een wortelstelsel. De omvang boven de grond is ongeveer gelijk aan die onder de grond. Plant grote bomen niet te dicht bij het zwembad, om te voorkomen dat de rand door de wortels omhoog wordt gewrikt en je steeds bladeren uit het water moet vissen.

Sierbomen en -heesters

Krachtige wortels

De wortels van een grote boom kunnen tegels of andere terrasbedekking omhoog wrikken. Ook de takken kunnen gevaarlijk dicht bij de ramen of het dak komen. Bereken bij het planten de juiste afstand, om in de toekomst ergernis te voorkomen.

De eerste stap is het kiezen voor een inheemse bomensoort. Win informatie in over de groei van het wortelstelsel, zodat de boom aan de wensen voldoet en geschikt is voor de tuin.

In de schaduw

Sommige gewassen staan het liefst in de volle zon, en andere hebben liever schaduw, zoals heideplanten. Deze plantjes of heesters, zoals de camelia, de rododendron, de hortensia of de Japanse esdoorn, doen het goed in de schaduw van andere planten.

Zet in een bloemperk het liefst planten met dezelfde behoeften.

De juiste plek

In de zon

Negen van de tien planten staan het liefst op een zonnige plek. Zo ook grote bomen, want door hun omvang steken ze boven de andere gewassen uit om veel zon te krijgen. Ze gedijen goed op neutrale of kalkrijke grond. De wortels groeien in de diepte en in de breedte om bij het voedsel en het water te kunnen komen.

Zorg ervoor dat de boom, afhankelijk van zijn omvang, voldoende ruimte heeft om aan alle kanten zon te krijgen.

Op vochtige plaatsen

Sommige soorten staan bekend om hun enorme behoefte aan water, zoals wilgen, kornoeljes en andere essen of lijsterbessen. Als een bepaalde plek in de tuin erg vochtig is, plant dan bij voorkeur een soort die veel water nodig heeft. Een volwassen eik neemt dagelijks ongeveer 200 liter water op, een volwassen wilg wel 400 liter.

Door het planten van een gewas op de geschikte plek wordt het krachtig en zal het goed groeien.

Sierbomen en -heesters

Het planten

Dit vormt de basis! Hier vindt de toekomstige groei van de plant zijn oorsprong. Een boom, heester of een bloeiende plant die onder de juiste omstandigheden wordt geplant, zal sterker worden en blaken van gezondheid. Deze stap verdient dus extra aandacht!

De grond voorbereiden

Graaf een gat van ongeveer drie- tot vijfmaal de omvang van de pot. Als het gewas niet tegen stilstaand water kan, bedek de bodem dan met 10 centimeter grind. Vermeng de grond met wat speciale tuinaarde voor het planten en vul de kuil met de helft van dit mengsel.

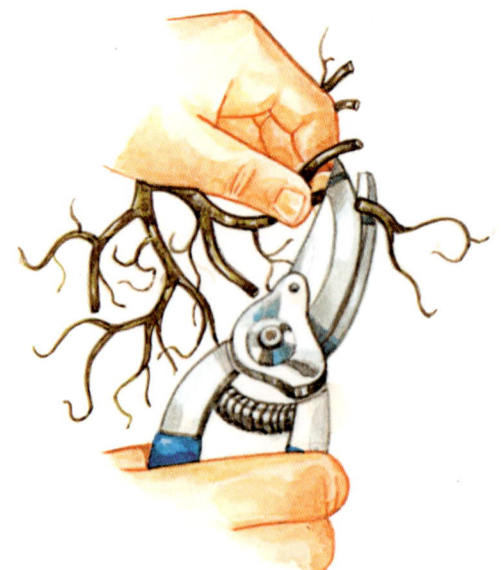

Gewassen met naakte wortels

Wortels korten

Sommige gewassen worden verkocht met naakte wortels, zonder pot en zonder kluit grond om de wortels. Ze moeten tijdens de rustperiode, tussen oktober en februari, in de grond worden gezet, maar niet bij vorst. Knip minstens 2 centimeter van de uiteinden van de wortels zodat de wortels regenereren, en de plant beter zal aarden.

Het planten

Worteldip

De worteldip is van groot belang om de plant goed te laten aanslaan. Rondom de wortels wordt een beschermende laag gevormd, die de vermeerdering van de cellen en de kracht van de plant stimuleren. Vermeng in een bak een derde deel grond, een derde deel water en een derde deel mestaarde. Dompel de wortels in dit mengsel en zorg ervoor dat alle wortels goed bedekt raken.

Kant-en-klare worteldip
In tuincentra wordt worteldip verkocht die gebruiksklaar is. Deze bestaat uit voedingselementen, zoals stikstof en fosfor, en is verrijkt met algen en sporenelementen.

In de grond zetten

Plaats de wortels van de plant in het midden van de kuil, op het mengsel van tuinaarde en grondverbeteraar. Leg de schop met de steel over de kuil, en zorg ervoor dat de aanzet van de eerste wortels net onder de steel begint.

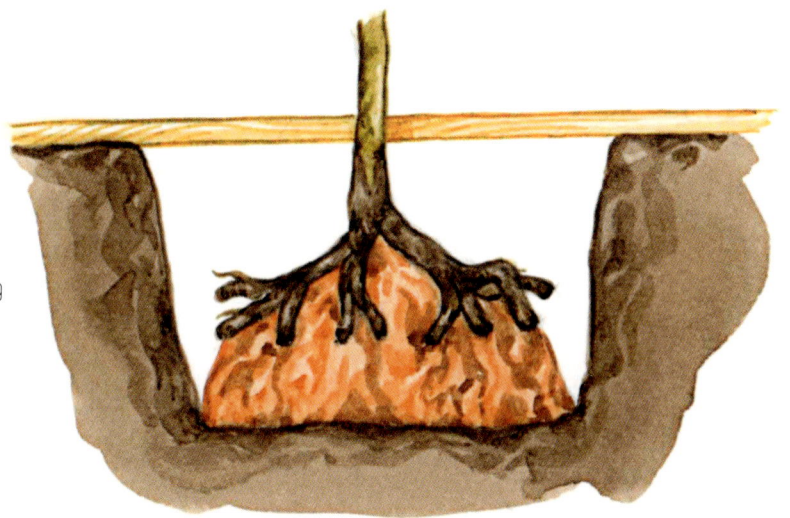

Sierbomen en -heesters

Gewassen in pot

Onderdompelen in water

Planten die in pot verkocht worden, met een kluit aarde om de wortels, kunnen het hele jaar door geplant worden, behalve bij vorst. Dompel de pot onder in een teil water. Houd de pot onder water totdat er geen luchtbelletjes meer verschijnen. De kluit is dan helemaal ondergedompeld en de wortels zijn goed nat.

> Geef voldoende water na het planten: giet per boom twee gieters water van elk 10 liter over de kuil. Gebruik indien mogelijk opgevangen regenwater.

Pot verwijderen

Laat de pot enkele minuten uitlekken en verwijder deze dan voorzichtig. Schraap met een harkje over de kluit om de wortels los te maken. Als de wortels erg vastzitten, krab er dan met een snoeischaar over. Ze mogen niet meer op een hoop zitten.

Het planten

In de grond zetten

Plaats de plant in het midden van de kuil. Leg de schop met de steel over de kuil, en zorg ervoor dat de kluit zich net onder de steel bevindt.

De laatste stap

Opbinden

Plaats het stokje bij grote planten, zodra het gewas in de grond zit, zo dicht mogelijk bij de stam. Bedek de wortels met het mengsel van tuinaarde en grondverbeteraar.

> Als het niet mogelijk is om het stokje verticaal tegen de stam te binden, kun je hem ook schuin tegen de stam zetten. Houd bij het plaatsen van het stokje rekening met de hoek waaruit de wind meestal komt, om de boom tegen rukwinden te beschermen.

De kuil dichten

Vul de kuil met het mengsel van tuinaarde en grondverbeteraar dat nog over is. De plant zal hierdoor sneller aanslaan.

Sierbomen en -heesters

Stamp de aarde aan, waardoor de wortels stevig in de grond komen te zitten. Hierdoor zal de plant beter bestand zijn tegen de wind en niet gauw ontwortelen.

Maak van de overgebleven grond een opgehoogde cirkel om de plant. De kom, die zo wordt gevormd, zal ervoor zorgen dat het water langer zal blijven staan, waardoor de plant minder en minder vaak water nodig heeft.

Water geven

Geef meteen na het planten overvloedig water. Gedurende het eerste jaar mag het de plant in geen geval aan water ontbreken. Gebruik hiervoor opgevangen regenwater.

> Het is niet nodig om in de zomer elke dag water te geven. Het volstaat om tweemaal per week 's avonds water te geven. Geef vanaf oktober geen water meer en onthoud dat het alleen gedurende het eerste jaar noodzakelijk is om water te geven.

Een maand later

Vastmaken

Bevestig de boom nu pas aan de stok, zodat de wortels de tijd hebben gekregen om goed in de grond te aarden. Door regen en water dat door de grond sijpelt, zal de aarde inklinken en iets wegzakken. Als de boom te vroeg aan de stok wordt bevestigd, zullen de wortels zich niet voegen naar de beweging in de grond. In de holten die dan ontstaan, kan het gaan rotten.

> Als je de boom met een metalen bandje aan de stok bevestigt, maak dit dan elk jaar iets losser. Het knellen van het ijzer kan de boom ernstig misvormen. De boom kan er zelfs aan bezwijken. Gebruik bij voorkeur meerekkende, rubberen bandjes.

Het onderhoud

De planten kunnen worden aangetast door vijanden van buitenaf, te lijden hebben onder het klimaat of in hun groei worden belemmerd door een moeilijke grond of een ongeschikte omgeving. Gelukkig kan de tuinier hier veel aan doen.

De grond vruchtbaar maken

Bemest de plant in de lente, vanaf maart, met een speciaal natuurlijk middel. De voeding helpt de plant om op gang te komen en zich te ontwikkelen. Houd je aan de aanbevolen dosering op de verpakking. Te veel bemesting, zelfs natuurlijke, kan gevaar opleveren.

Bemesting met een vertraagde werking
Dit bemestingsmiddel laat de voeding geleidelijk los. Het voordeel hiervan is dat het bemestingsproces langer duurt. Eenmaal per seizoen is voldoende.

Besproeien

Om de groei van de gewassen te bevorderen, kun je ze besproeien met plantenaftreksels zoals brandnetelgier. Filter de oplossing na het weken. Gebruik, afhankelijk van de omvang van het te behandelen gewas, een plantenspuit of een lanssproeier.

Sierbomen en -heesters

Planten beschermen

Als de plant onder de bladluizen komt te zitten, denk dan aan lieveheersbeestjes, die te koop zijn als larven. Pak voorzichtig een larve met een kwastje en zet hem tussen de bladluizen. Herhaal dit en zet de larven dicht bij hun prooi. Een larve eet 100-150 bladluizen per dag.

> **Lieveheersbeestjes en bestrijdingsmiddelen**
> Als je ervoor kiest om lieveheersbeestjes in te zetten als insectenverdelger tegen bladluis, gebruik dan geen andere middelen. Zelfs al gebruik je middelen op natuurlijke basis, de lieveheersbeestjes zullen algauw het onderspit delven.

De grond verrijken

Leg met een riek één of twee hoopjes compost rondom de bomen. Reken voor het verkrijgen van goede compost op een jaar. Als de compost zwart van kleur is en naar boslucht ruikt, is hij klaar voor gebruik. Leg in de lente of in de herfst een laag neer van 10-15 centimeter dikte. De compost verrijkt de grond en maakt hem vruchtbaarder.

Takken snoeien

Verwijder de valse scheuten, de takken die uit de boomstam groeien. Ze onttrekken sap en vormen een onnodige belasting voor de boom. Knip ze met een snoeischaar zo dicht mogelijk bij de stam af zodra ze verschijnen, ongeacht het seizoen.

De snoei

De hobbytuinder is meestal terughoudend als het gaat om snoeien. Toch kan juist snoeien een zwakke boom weer krachtig maken. Als je het voorzichtig doet en de basisregels in acht neemt, zal de tuin je er dubbel en dwars voor belonen!

Heesters snoeien

Voorjaarsbloeiers

De heesters die in het voorjaar bloeien, moeten kort na de bloei worden gesnoeid. Verwijder het deel van de tak waar bloemen aan hebben gezeten. Snoei de heester nooit in de winter, want dan verwijder je de knoppen. Niet alle voorjaarsbloeiers (bijvoorbeeld heideplanten) moeten gesnoeid worden.

> Til, om tijdens het snoeien niet vermoeid te raken, je handen met de snoeischaar nooit boven je schouders uit. Gebruik bij voorkeur een ladder om risico's en verkeerde bewegingen te voorkomen.

Zomerbloeiers

Snoei de heesters waarvan de bloemen in de zomer en in de herfst ontluiken in de loop van maart, als de strengste vorst voorbij is. Meestal verschijnen de bloemen aan de nieuwe takken. Verwijder driekwart van de lengte van deze jonge takken. Als de heesters jaarlijks worden gesnoeid, zullen ze voller bloeien. Gooi het snoeihout op de composthoop.

Sierbomen en -heesters

Rondom snoeien

Knip de plant na het snoeien nog wat bij zodat een ronde vorm ontstaat, puur voor het oog. Snoei de buitenste takken korter dan de binnenste. Pas op dat je geen grote takken snoeit waardoor de plant uit balans kan raken.

Schuin snoeien

Op de plaats waar de ogen zitten, gaan later nieuwe takken groeien. Snoei net boven de ogen die aan de buitenkant van de plant zitten, waardoor de nieuwe takken naar buiten zullen groeien en niet naar het midden. Knip, om verrotting van de knop te voorkomen, de tak boven het oog schuin af, zodat regenwater niet blijft liggen maar er vanaf stroomt.

Vlak snoeien

Als er twee ogen recht tegenover elkaar zitten, knip dan voor het gemak de tak vlak af, net boven de twee ogen.

Reinig de snoeischaar, om ziekten als boomkanker te voorkomen, bij iedere wisseling van plant met alcohol. Op die manier voorkom je dat sporen van microscopische schimmels zich verspreiden.

De snoei

Schoon en nauwkeurig knippen

Snoei beschadigde of dode takken aan de basis. Gebruik, voor een goede wondgenezing van de plant, een scherp geslepen snoeischaar zodat het afknippen schoon en nauwkeurig gebeurt.

Bomen snoeien

Gebruik een ketting- of handzaag, afhankelijk van de omvang van de boom. Maak onder de tak een inkeping van een derde van de doorsnede. Op die manier wordt de boomschors er niet afgerukt bij het omlaag vallen van de tak.

Snoeischaren met twee handvatten
Sommige snoeischaren hebben twee handvatten, zodat de tuinier meer kracht kan zetten. Dit stuk gereedschap komt van pas bij takken van een gemiddelde omvang, met een doorsnede van 3-4 centimeter.

Sierbomen en -heesters

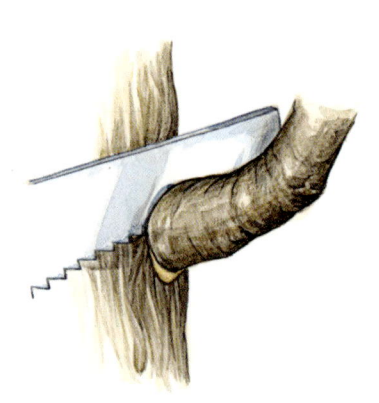

Zaag vervolgens de tak af vanaf de bovenkant, zo dicht mogelijk bij de stam, precies boven de eerste inkeping. Bij het bereiken van de eerste inkeping valt de tak langs de stam recht naar beneden.

Zet de ladder stevig neer, zo dicht mogelijk bij de boomstam, en een eindje van de af te zagen tak, zodat de zaag stevig kan worden vastgehouden. Schat van tevoren in hoe de tak gaat vallen, om niet geraakt te worden.

Snoeien is geen karwei dat je op je dooie gemak kunt doen. Wees voorzichtig bij het gebruiken van een kettingzaag. Zet een helm op en draag veiligheidsschoenen, -handschoenen en -kleding. Gebruik een degelijke ladder, vooral als je hoog werkt, en doe dit werk niet in je eentje.

Wonden schoonmaken

Gebruik hiervoor een scherp snoeimesje. Verwijder het gebarsten hout aan de randen van de wond. Voor een goede genezing moet de wond schoon en glad zijn.

De snoei

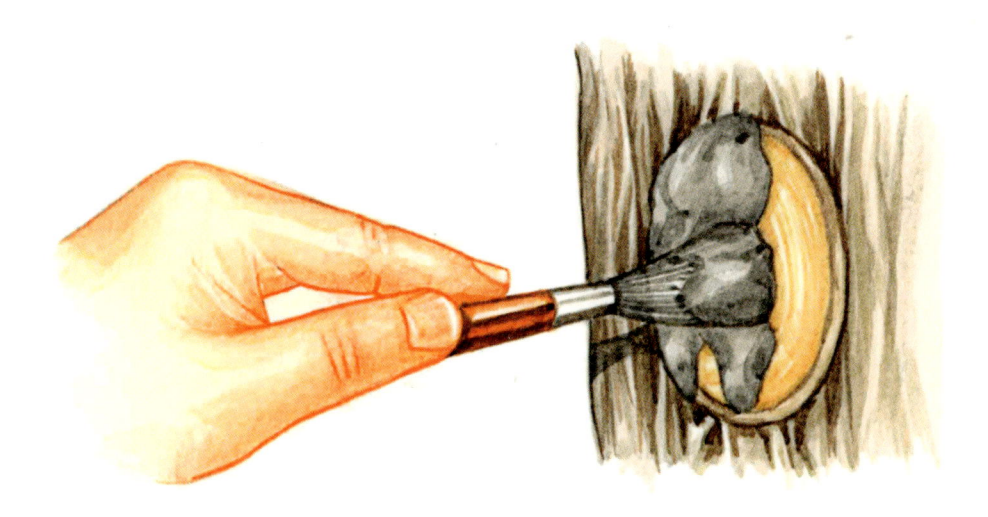

Smeer met een stevige kwast wondpasta op de wond om de genezing te bevorderen. Zo worden boomkanker, rotting door regenwater dat blijft liggen en bepaalde infectieziekten voorkomen. Houd je aan de op de verpakking voorgeschreven dosering.

Het evenwicht herstellen

Herstel het evenwicht van de boom. Gebruik hiervoor een telescopische snoeischaar: met een uitschuifbaar handvat van 5 meter kun je er hoge kleine en middelgrote takken mee snoeien.

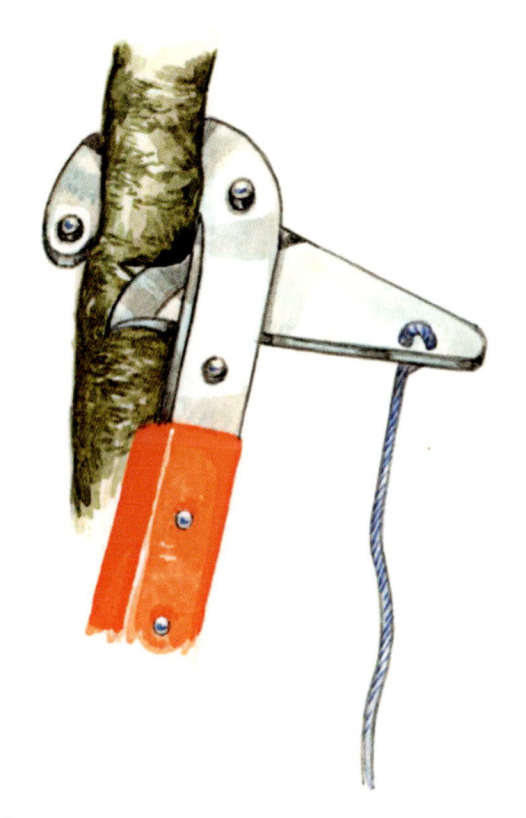

Sierbomen en -heesters

Hieronder volgt een opsomming van gangbare planten voor in de tuin. Van iedere soort bestaan cultuurvariëteiten met kleine verschillen in kleur, vorm of omvang. Breng een bezoek aan de boomkweker of het tuincentrum voor meer uitgebreide informatie.

Boom	Omvang	Ligging	Grondsoort	Bijzonderheden	Tuintype	Pluspunt
Loofbomen						
Appelboom	3-7 m	zon, beschut tegen de wind	rijke	groenbrons blad, paarsrood in de herfst	groot	snelle groei
Berk	15-30 m	zon	gewone en humusrijke	mooie bast	groot	geel blad in de herfst
Esdoorn	10 m	schaduw, zon	gewone	bruine, afbladderende bast	groot	roodoranje blad in de herfst
Goudenregen	5-10 m	zon	gewone	trossen geurige bloemen	groot	snelle groei
Kastanje	20-30 m	zon	gewone	roze bloemen	groot	snelle groei
Kersenboom	12 m	schaduw, zon	gewone en koele	gladde, roodachtige bast; uitbundige roze bloei	groot	in de herfst eerst oranje, dan helderrood blad
Meidoorn	5-10 m	zon of lichte halfschaduw	gewone	geurende bloemen	groot	zeer sterk
Sofora	25 m	zon	rijke, gedraineerde	met neerhangende takken	groot	snelle groei
Treurwilg	10 m	zon	koele en vochtige	afhangende takken	groot	jong hout is geelgroen
Trompetboom	6-15 m	zon	rijke, gedraineerde	rond, geel blad	groot	snelle groei

Sierbomen en -heesters

Boom	Omvang	Ligging	Grondsoort	Bijzonderheden	Tuintype	Pluspunt
Naaldbomen						
Apenboom	15-25 m	zon, beschut tegen de wind	rijke, vochtige	symmetrisch, exotisch	groot	taai, donkergroen blad
Ceder	20-25 m	zon, uit de wind	droge en zure	sierlijke vorm	groot	er bestaat ook een variant met neerhangende takken
Cipres	10-20 m	zon en warmte	droge	vorm en blad	groot	beschutting tegen de wind
Den	8-30 m	zon	gedraineerde en zure	sterk	groot	vaak een hele rij
Gewone spar	10-30	zon	diep en koel	donkergroen blad	groot	er bestaat ook een variant met neerhangende takken
Kale cipres	25-30 m	zon	gewone en vochtige	afhangende takken	groot	koperkleurig blad in de herfst
Lariks	25-30 m	zon, beschut tegen de wind	gewone	goudkleurig blad in de herfst	groot	zeer sterk
Sequoia	40-60 m	zon, beschut tegen de wind	diepe, vochtige en gedraineerde	blauwachtig blad	groot	vrij snelle groei
Spar	10-30 m	zon of lichte schaduw	diepe, vochtige, kalkarme	kleur van het blad; kegels	groot	vaak een hele rij
Thuja	5-30 m	zon of halfschaduw	lichte, gedraineerde	kegels	groot	snelle groei

Sierbomen en -heesters

Boom	Omvang	Ligging	Grondsoort	Bijzonderheden	Tuintype	Pluspunt
Bloemheesters						
Althea	2-3 m	zon of halfschaduw	koele, een beetje zure	bloei; enkel- of dubbelbloemig	klein	zowel in groepen als alleen
Boerenjasmijn	1-5 m	zon	gewone	bloei; enkel- of dubbelbloemig	klein	snelle groei
Caryopteris	1-2 m	zon, beschut tegen de wind	gedraineerde, zelfs kalkrijke	blauwe bloem	klein	zilverkleurig blad
Ceanothus	2 m	zon	gewone	blauwe bloem	klein	in groepen
Clematis	1-5 m	zon of halfschaduw	gewone	geurende bloemen	klein	veelkleurig blad en haag
Deutzia	1-3 m	zon of halfschaduw	gewone	bloei; enkel- of dubbelbloemig	klein	zowel in groep als alleen
Fazantenbes	2-3 m	zon of halfschaduw	rijke, gedraineerde	bloeit in de herfst	klein	trekt vogels aan
Forsythia	2-4 m	zon	rijke en koele	gele uitbundige bloei	klein	de eerste bloeier in de lente; in grote groepen
Ganzerik	0,5-1,5 m	zon of halfschaduw	gewone	bloeit in de zomer	klein	snelle groei
Hibiscus	3 m	zon of halfschaduw	rijke, een beetje zure	enkel- of dubbelbloemig in de zomer	klein	bloeit tot oktober

Sierbomen en -heesters

Boom	Omvang	Ligging	Grondsoort	Bijzonderheden	Tuintype	Pluspunt
Hortensia	1-2,5 m	halfschaduw of niet te felle zon	heidegrond	bloeit in de zomer en in de herfst	klein	sterke plant
Kolkwitzia	2-3 m	zon	gewone	roze bloemen in de lente	klein	gemakkelijk en indrukwekkend
Lavendel	50-60 cm	zon	kalkrijke, drainerende	geurende bloemen in de zomer	klein	sterk, honingbloem
Perowskia	0,8-1,5 m	zon	kalkrijke en droge	blauwe bloem geurend naar salie in de zomer	klein	zilverkleurig blad
Seringen	5-6 m	zon of halfschaduw	gedraineerde, kalkrijke of neutrale	bloei en geur	klein	enkel- en dubbelbloemig
Spirea	80 cm	zon	rijke en koele	uitbundige bloei	klein	mooi herfstblad
Toverhazelaar	5 m	zon	rijke, zure of neutrale	bloeit in de winter	klein	koperkleurig blad in de herfst
Weigelia	1,5-4 m	zon of lichte halfschaduw	gewone	bloei	klein	snelle groei

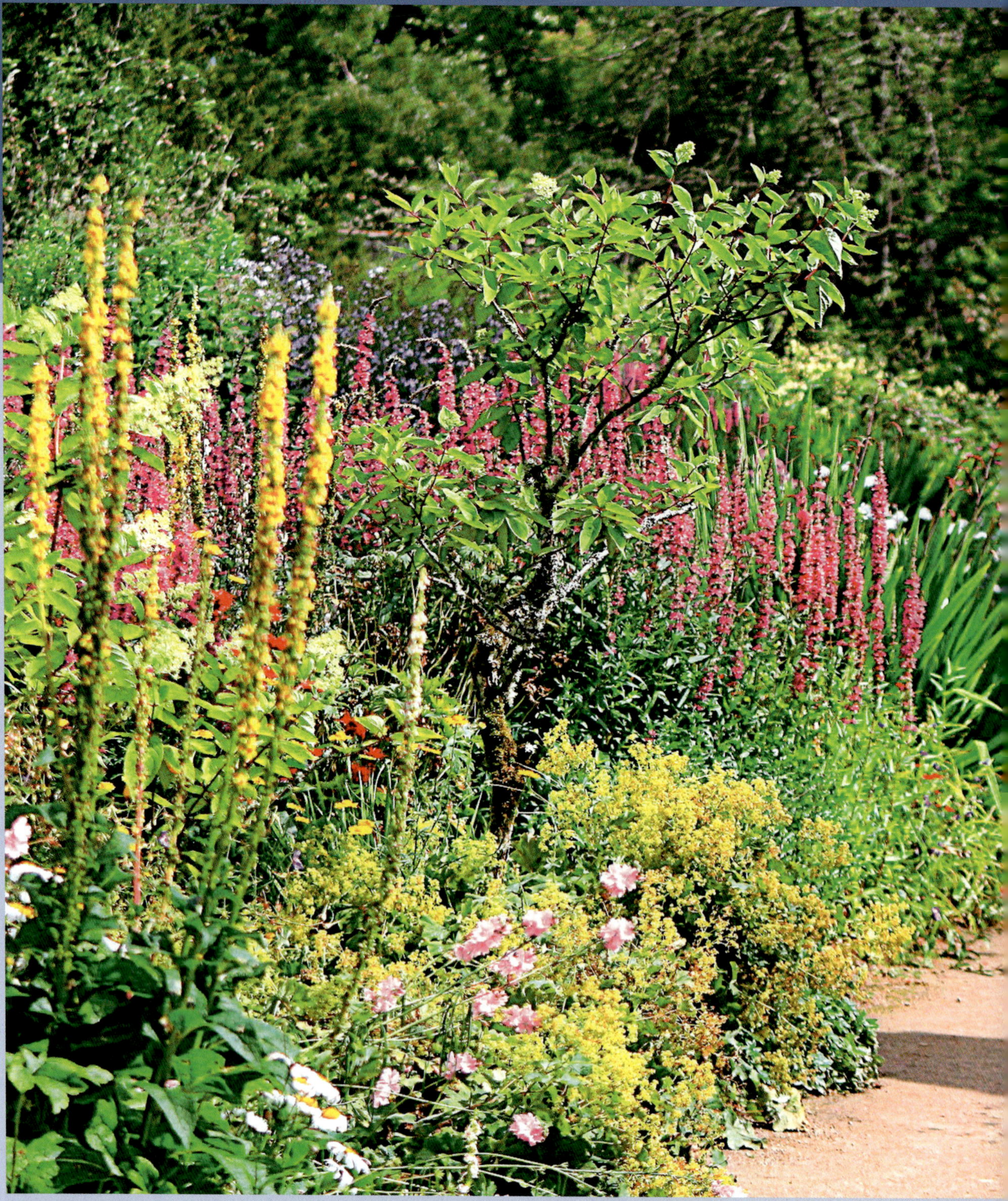

Bloemen

Wat is een tuin zonder bloemen! De geuren en kleurenpracht... ja, zelfs de namen klinken als pure poëzie. De kleine klaproos, de meidoornbloesem, het rozenknopje...

Bloemen worden ook gebruikt als symbool, ze worden geplukt en in vazen gezet, er wordt parfum van gemaakt, salades worden ermee opgesierd... De bloem is overal, zelfs als motiefje op zomerjurkjes!

Maar in de natuur en in de tuin is de bloem ook onmisbaar voor het overleven van de meeste plantensoorten. Bloemen trekken insecten aan, die het stuifmeel verspreiden waardoor bestuiving plaatsvindt, er nieuw zaad kan ontstaan en weer nieuwe planten groeien.

De natuur zit mooi in elkaar, bloemen zijn prachtig om te zien. Laten we er daarom van genieten, tot zelfs in het kleinste hoekje van onze tuin!

Bloemen

Eenjarige planten

Eenjarige planten zijn kleine planten die van mei tot de eerste periode van vorst leven. Zodra de eerste rijp verschijnt, gaan ze dood. Ieder jaar moeten ze dus worden vervangen door nieuwe planten. Sommige van oorsprong tropische meerjarige planten worden in ons klimaat beschouwd als eenjarige planten doordat ze het hier niet lang kunnen volhouden.

Inzaaien

Zaaien in een bloembak

Doe dit in maart. Bedek de randen en de bodem met een laagje geotextiel. Zo blijft de tuinaarde liggen en vloeit niet weg bij het water geven. Vul de bak met speciale tuinaarde voor het zaaien, waardoor de zaden gemakkelijker zullen ontkiemen.

Trek met een stokje voren van 1 centimeter diep. Laat tussen iedere rij een ruimte vrij van ten minste 7 centimeter. Leg de zaden in de voren, op 5 centimeter afstand van elkaar. Hoe groter de zaden, hoe gemakkelijker dit gaat. Voor kleine zaden bestaan er hulpmiddelen als zaaizakjes. Vergeet niet om biologische zaden te gebruiken.

Als je meerdere bloemensoorten hebt gezaaid, zet dan een stokje met een etiketje eraan bij iedere rij. Bedek het geheel met tuinaarde, en druk aan. De tuinaarde moet gelijkmatig verdeeld worden.

Eenjarige planten

Water geven

Giet voorzichtig water over de bak. Gebruik hiervoor een gieter met sproeikop of plantenspuit en kalkarm water op kamertemperatuur. Geef liever vaak kleine hoeveelheden water zodat de bovenste tuinaarde vochtig blijft, maar niet drijfnat. Zet de bak in het zonlicht op een verwarmde plek. Om te ontkiemen, heeft zaad licht, water en warmte nodig.

Uitdunnen

De zaden zijn ontkiemd en er zijn kleine bloemplantjes te zien. Door ze uit te dunnen, hebben ze alle ruimte om te groeien: haal de helft van de plantjes er tussenuit als ze te dicht op elkaar staan.

Verpoten

Verpoot de zaailingen als ze 7 centimeter groot zijn in bakjes van turf. Leg wat tuinaarde op de bodem die speciaal voor het planten is. Pak het plantje inclusief alle wortels met een verplantschopje op. Plaats de zaailing midden in het bakje. Vul op met tuinaarde, druk aan en geef water. Zet de bakjes in het zonlicht.

Bakjes van turf
Turf wordt gebruikt omdat het water zo goed vasthoudt, en ontstaat door het fossiliseren van plantaardige overblijfselen door micro-organismen zoals bacteriën. Bij het planten in de volle grond mogen de bakjes blijven zitten: de wortels groeien er gewoon doorheen.

Bloemen

Planten in de volle grond

De grond voorbereiden

Voeg in mei aan de losse grond, die aan de oppervlakte omgeploegd is, tuinaarde toe die speciaal geschikt is voor het planten of voor bloemen. Verspreid de tuinaarde over het te beplanten gebied en meng met een hark de tuinaarde met de grond.

Een losse grond is een poreuze, zachte, brokkelige grond, dit in tegenstelling tot een zware, klevende grond. Het is niet nodig er diep doorheen te ploegen. Ga er gewoon eenmaal met de schoffelmachine overheen – of met de woelvork voor de kleine oppervlakten – dat is voldoende.

Planten

Zet de bakjes op de volle grond. Zet ze uit elkaar, waarbij je je de plant in volgroeide staat voorstelt: ze mogen elkaar raken, maar niet overlappen. Graaf met een verplantschopje voor ieder bakje een kuil. Zet de bakjes in de kuil en vul de ruimte op met het mengsel van tuinaarde en grondverbeteraar. Bij het rotten doet het bakje van turf dienst als meststof en het verbetert de kwaliteit van de grond. Druk de grond aan.

Als het bakje van plastic is, verwijder het dan en krab met een harkje voorzichtig de wortels los. Zet de kluit in het midden van de kuil, vul op met het mengsel van tuinaarde en grondverbeteraar, en druk aan.

Eenjarige planten

Water geven

Giet voorzichtig kalkarm water op kamertemperatuur met een gieter met sproeikop rondom ieder plantje. Pas op dat de takjes en bladeren niet nat worden. Laat de aarde tussen twee beurten in drogen, en geef geen water als het heeft geregend.

Onderhoud

Verwelkte bloemen verwijderen

Verwijder de verwelkte bloemen, ongeacht het seizoen. Gebruik een snoeischaar, zet deze onder aan de bloem, net boven het eerste obstakel aan de stengel. Knip vervolgens in één haal. Het eerste obstakel is vaak een bladoksel, of de plek waar nieuwe takken ontspringen. Bij sommige gewassen kun je de bloemen eenvoudig met de hand verwijderen.

Meer bloemen!
Een plant bloeit om nieuwe planten voort te kunnen brengen. Na de bloem komt het zaad. Door de verwelkte bloem te verwijderen, haal je ook het zaad weg en de mogelijkheid tot voortplanting. De plant zal daarom meteen nieuwe bloemen ontwikkelen, enzovoort.

Bloemen

Zaden verzamelen

Laat vanaf eind augustus wat verwelkte bloemen aan de plant zitten, zodat er zaden ontstaan. Deze kun je half september verzamelen. Knip de bloemen dan af en schud ermee boven een vel papier. Doe de zaden in een stevige envelop en leg die in een donkere, koele en geventileerde ruimte. Vergeet niet de naam van de soort op de envelop te schrijven.

Gewassen verwijderen en composteren

Eenjarige planten sterven in de wintertijd, zodra het gaat vriezen. Verwijder dan alle dode bloemen. De gezonde gewassen, zonder vlekken en ziekten, kun je vervolgens op de composthoop gooien.

Tweejarige planten

Tweejarige planten sterven aan het einde van de lente na in de herfst daarvoor en in de lente te hebben gebloeid. Ze leven gedurende twaalf maanden met een bloei die over twee kalenderjaren verspreid is. Na twaalf maanden moeten ze worden vervangen door nieuwe planten.

Zaaien

Zaaien in bakjes

Vul de bak met speciale tuinaarde voor het zaaien, waardoor de zaden gemakkelijker zullen opkomen. Vul de bakjes in juli met deze tuinaarde. Gebruik bij voorkeur bakjes van turf met een doorsnede van 6-8 centimeter. De bakjes kunnen bij het planten blijven zitten. In de grond gaan ze vervolgens uiteenvallen en dienen als meststof die de kwaliteit van de aarde verbetert.

Biologische zaden
Tegenwoordig zijn biologische zaden in de winkel te koop. De kwaliteit bij het ontkiemen verschilt niet van niet-biologische zaden, maar ze zijn gekweekt met biologische middelen en methoden. Geef daarom de voorkeur aan deze zaden.

Maak met een stokje een kuiltje van 1 centimeter diep midden in het bakje. Leg drie zaden in de kuil. Op die manier ben je zeker van het ontkiemen van het zaad, want komen er één of twee zaden niet op, dan moet het vreemd lopen wil ook de derde zaadkorrel niet opkomen.

Bloemen

Als je meerdere bloemensoorten hebt gezaaid, zet dan een stokje met een etiketje eraan in ieder bakje. Vul ieder gat met tuinaarde. Verdeel de tuinaarde gelijkmatig over het bakje en druk voorzichtig aan. Zet voor het gemak de bakjes in een houten krat of een platte mand.

Water geven

Giet voorzichtig met een gieter met sproeikop kalkarm water op kamertemperatuur over het krat met bakjes. Geef vaak water in kleine hoeveelheden, zodat de tuinaarde aan de oppervlakte vochtig blijft maar niet doornat. Zet het krat op een verwarmde plek in het zonlicht.

Uitdunnen

Soms komt één zaadje omhoog, en soms zijn alle drie de zaden ontkiemd. Laat per bakje maar één plantje staan, om iedere zaailing de ruimte te geven om te kunnen groeien.

Tweejarige planten

Verpoten

Verpoot de zaailingen na een maand in bakjes van turf met een doorsnede van 8 centimeter. Leg wat zaaigrond op de bodem. Verwijder voorzichtig het oude bakje en haal het plantje er met de hele kluit uit. Plaats de zaailing midden in het nieuwe bakje en vul op met tuinaarde. Druk aan en geef water. Zet de bakjes in het volle zonlicht.

Gebruik je vingers! Druk de tuinaarde rondom de jonge plant voorzichtig maar stevig aan, en vervolgens ook aan de randen. Is de plant in voldoende mate aangedrukt? Test: houd het bakje op zijn kop: de tuinaarde mag niet bewegen.

Planten in de volle grond

De grond voorbereiden

Voeg in oktober aan de losse grond, die aan de oppervlakte omgeploegd is, tuinaarde toe die speciaal geschikt is voor het planten of voor bloemen. Verspreid de tuinaarde over het hele te beplanten gebied en meng met een hark de tuinaarde met de grond.

De juiste tuinaarde
Er zijn verschillende soorten tuinaarde. Kies de tuinaarde die het best bij de beplanting past. Deze bevat de voedingsstoffen die nodig zijn voor de ontwikkeling van de plant. Een gewas dat onder de juiste omstandigheden wordt geplant, zal sterker zijn, minder snel ziek worden en er op zijn allerbest bij staan!

Planten

Zet de bakjes op de volle grond uit elkaar, waarbij je je de plant in volgroeide staat voorstelt: ze mogen elkaar raken, maar niet overlappen. Graaf kuilen met een verplantschopje en zet de bakjes in de kuilen. Als het bakje van plastic is, verwijder het dan en krab met een harkje voorzichtig de wortels los. Zet de kluit midden in de kuil en vul op met het mengsel van tuinaarde en grondverbeteraar. Druk de grond aan.

> Als je plastic bakjes gebruikt, spring er dan bij het verpotten voorzichtig mee om, zodat je ze kunt hergebruiken en minder restafval hebt.

Water geven

Giet voorzichtig met een gieter met sproeikop kalkarm water op kamertemperatuur rondom ieder plantje. Pas op dat de takjes en bladeren niet nat worden. Laat de aarde tussen twee beurten in drogen, en geef geen water als het heeft geregend of gaat vriezen.

Onderhoud

Verwelkte bloemen verwijderen

Verwijder de verwelkte bloemen gedurende de gehele bloeitijd. Gebruik een snoeischaar, zet deze onder aan de bloem, net boven het eerste obstakel aan de stengel. Knip vervolgens in één haal. Het eerste obstakel is vaak een bladoksel, of de plek waar nieuwe takken ontspringen. Bij sommige gewassen kun je de bloemen eenvoudig met de hand verwijderen.

Zaden verzamelen

Laat aan het einde van de dubbele cyclus van de plant wat verwelkte bloemen aan de plant zitten. Na de bloem komen de zaden. Knip dan de bloemen af en schud ermee boven een vel papier. Doe de zaden in een envelop en leg die in een donkere, koele en geventileerde ruimte. Noteer de naam van de soort op de envelop.

Gewassen verwijderen en composteren

Verwijder in april alle dode bloemen. De gezonde gewassen, zonder vlekken en ziekten, kun je op de composthoop gooien.

Schone compost

Zorg ervoor dat er geen bloeiend onkruid en zieke planten in de compostbak zitten. De compost moet bij gebruik vrij zijn van ziekten en onkruid, om te voorkomen dat deze gaan voortwoekeren in de tuin.

Bloemen

Meerjarige planten

Een overjarige plant leeft gedurende meerdere jaren. In de herfst verlept en verdort het gedeelte van de plant dat boven de grond uitsteekt, om in de lente, bij de eerste zonnestralen, weer uit te lopen. Na vier jaar verdient het de voorkeur ze te splitsen zodat ze regenereren.

Planten in de volle grond

Planten rangschikken

Zet de bakjes op de volle grond uit elkaar, waarbij je je de plant in volgroeide staat voorstelt: ze mogen elkaar raken, maar niet overlappen. Op het kaartje in de pot staat hoe groot en breed de plant zal worden.

Pot verwijderen

Als het bakje van turf is, laat het dan om de plant zitten. Plastic bakjes moeten worden verwijderd. Pak het plantje tussen wijsvinger en middelvinger vast en houd je handpalm plat tegen de tuinaarde gedrukt. Houd het bakje ondersteboven. Verwijder het bakje voorzichtig en bewaar het voor hergebruik.

Meerjarige planten

Krab met een harkje voorzichtig de wortels los, zodat de wortels niet op een hoop blijven zitten. Bij plaatsgebrek groeien de wortels namelijk om de kluit heen, en kunnen dan verstikken. Als de wortels erg vastzitten, knip er dan om de 3 centimeter met een snoeischaar in. Als er een bakje van turf omheen zit, is dit niet nodig omdat de wortels dwars door het bakje heen zullen groeien.

De grond voorbereiden

Voeg aan de losse grond, die aan de oppervlakte omgeploegd is, tuinaarde toe die speciaal geschikt is voor het planten of voor bloemen. Verspreid de tuinaarde over het hele te beplanten gebied en meng met een hark de tuinaarde met de grond.

Planten

Graaf voor iedere plant een kuil met een verplantschopje. Zet de kluit in de kuil en vul op met het mengsel van tuinaarde en grondverbeteraar. Druk de grond met de vuisten goed aan tot net boven de kluit.

Bloemen

Water geven

Giet voorzichtig met een gieter met sproeikop kalkarm water op kamertemperatuur rondom ieder plantje. Pas op dat de takjes en bladeren niet nat worden. Laat de aarde tussen twee beurten in drogen, en geef geen water als het heeft geregend of gaat vriezen.

Gedurende het eerste jaar na het planten mag de plant geen watertekort hebben. Na een jaar hoef je hier niet meer naar om te kijken. De plant heeft dan een wortelstelsel ontwikkeld om de voeding aan te kunnen die hij nodig heeft om te leven. Bedek tot die tijd de aarde met stro of een ander geschikt materiaal om verdamping van water tegen te gaan.

Onderhoud

Verwelkte bloemen verwijderen

Aan het einde van de herfst verdort het gedeelte van de plant dat boven de grond uitsteekt. Verwijder met behulp van een snoeischaar driekwart van het deel boven de grond. Het overgebleven deel dient als geheugensteuntje zodat je niet vergeet dat daar een plant staat.

Meerjarige planten

Splitsen

Splits de moederplant in de herfst in vier gelijke delen. Zet de schop recht op de plant en snijd deze doormidden. Snijd vervolgens de plant nog een keer doormidden, maar dan verticaal, zodat er vier gelijke delen ontstaan.

Vermeerderen

Je kunt een plant in zoveel stukken delen als je wilt. De plant, zelfs een klein exemplaar, herstelt zich binnen enkele jaren. Aarzel daarom niet om met de buren meerjarige planten uit te wisselen!

Verplanten

Verplanten is nodig om bijvoorbeeld het bloembed uit te breiden. Graaf met de schop een kuil van dezelfde afmetingen als de uitgegraven kluit. Zet er de nieuwe plant in en vul op met grond. Druk de grond aan en geef overvloedig water.

Composteren

Het snoeiafval van het deel van de plant dat boven de grond uitsteekt kan in de compostbak worden gedaan. Knip voor het gemak de takken in kleine stukken. De verwelkte bloemen en de dorre bladeren kunnen ook worden gecomposteerd, mits ze geen ziekte hebben.

Bloemen

Beschermen

Al zijn meerjarige planten vaak sterk, sommige kunnen niet goed tegen vorst. Bedek in strenge winters alle meerjarige planten met dorre bladeren, stro of winterbedekking. Verwijder de beschermlaag zodra de lente begint.

> Vroeger gebruikte men vooral stro als winterbescherming. Vandaag de dag worden hiertoe ook andere materialen gebruikt, zoals dennenschors, dorre bladeren en vlasstrooisel.

De grond op biologische wijze verbeteren

Besproei meerjarige planten in de lente met een natuurlijke meststof voor bloemen. In deze periode, net na de winter, heeft de plant dat het hardst nodig. Houd je zorgvuldig aan de op de verpakking voorgeschreven dosering. Ook al is het een natuurlijke meststof, een teveel hiervan kan schadelijk zijn voor de ontwikkeling van de planten. Verwijder gedurende de gehele bloeitijd de verwelkte bloemen met een snoei- of gewone schaar.

Combinaties en toepassingen

Combinaties en toepassingen

Bloemen zijn mooi om te zien, maar ze zijn in de natuurlijke tuin ook van nut. Door ze bij andere planten te zetten, kunnen ze ons veel diensten bewijzen. Sommige kun je gebruiken vanwege de smaak of de geneeskrachtige eigenschappen, maar je kunt ook gebruikmaken van de kleurencombinaties om de tuin of het balkon op te fleuren.

Goede combinaties

Vergeet-mij-nietje en frambozenstruik

Woel een strook grond om van minstens 20 centimeter rondom de frambozenstruiken. Strooi in april zaad van het vergeet-mij-netje en hark de aarde wat aan om de zaden met aarde te bedekken. Geef water en houd dit gedurende de eerste maand bij. Het vergeet-mij-netje verdrijft de wormpjes uit de frambozenstruiken.

Planten die goed samengaan
Door de juiste planten bij elkaar te zetten, voorkom je ziekten en worden schadelijke insecten verdreven. Het is natuurlijk geen tovermiddel, maar er kunnen goede resultaten mee worden behaald. Door groenten en bloemen door elkaar te zetten, verliezen insecten de plant waarvan ze leven eerder uit het oog. Het combineren van planten kan ook effectief zijn tegen bepaalde schimmels.

Bloemen

Afrikaantje en rozenstruik

De geur van het afrikaantje verjaagt bladluis. Zet minstens drie afrikaantjes in een driehoek om iedere rozenstruik. Zet de bakjes op ongeveer 40 centimeter van de rozentakken. Graaf een kuil die net zo groot is als het bakje. Zet het afrikaantje in de kuil, vul op met tuinaarde, druk de aarde aan en geef water.

Niet alleen bloemen hebben insectenverdrijvende eigenschappen. Sommige groenten en kruiden kunnen deze beestjes ook op de loop laten gaan: knoflook, basilicum, wortel, enzovoort (zie blz. 25).

Munt en kool

Munt verdrijft het koolwitje, een kleine schadelijke vlinder. Verwijder het bakje van de muntplant. Leg speciale tuinaarde voor het planten onder in een potje voor gebruik buiten. Zet de plant met de kluit midden in de pot. Vul met tuinaarde, druk aan en geef water. Zet het potje tussen de kolen. Reken op één potje per zes kolen.

Combinaties en toepassingen

Bloemen verzamelen

Klaproos

De klaproos bloeit vanaf april. Knip de bloemen voorzichtig, één voor één, met een schaar af. Vers of gedroogd of getrokken tot kruidenthee, de blaadjes verzachten de keel bij hoest en zorgen voor een goede nachtrust.

Oost-Indische kers

De blaadjes van de Oost-Indische kers doen het, met hun scherpe, kruidige smaak, goed in zomerse salades. Pluk de bloem af bij de bloembodem, waar de steel iets dikker wordt. Laat wat bloemen en knoppen staan, zodat er zaad ontstaat. Het zaad kan ingemaakt worden met azijn en is een uitstekende vervanger voor kappertjes.

Tijm

Tijm bloeit vanaf de lente. Knip de takjes met bloemetjes eraan af met een tuinschaar. Wrijf boven een doek met je vingers over de takjes tegen de groeirichting in om de bloemetjes eraf te halen. Vers of gedroogd geven ze een heerlijk aroma aan mediterrane gerechten.

Bloemen

Speel met kleuren

Warme kleuren

Deze variëren van geelgroen tot rood en doen ons denken aan zomerse warmte en flamboyante herfstkleuren. Deze kleuren roepen emotie op en lijken op je af te komen. Ze trekken de aandacht en zijn de kleuren van de middagzon.
Als je terras op het noorden ligt, zet er dan planten neer met warme kleuren om een beetje warmte op het terras te brengen. Rood, oranje en geel brengen wat licht bij gebrek aan de zon.

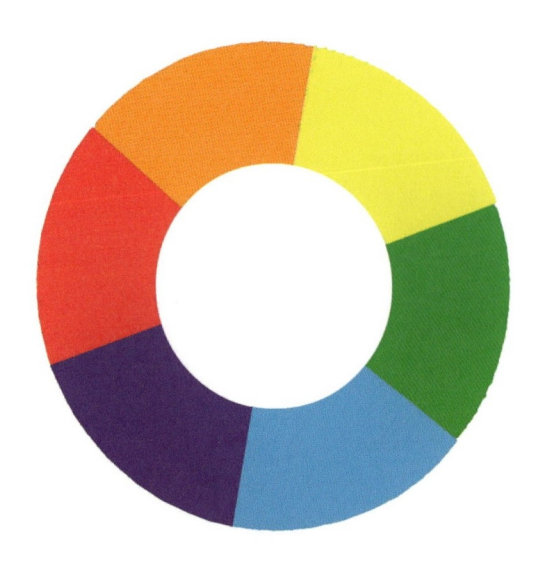

Koele kleuren

In tegenstelling tot warme kleuren, geven de zogenoemde koele kleuren een gevoel van lichtheid en lijken ze zich van je af te wenden in plaats van op je af te komen. Ze variëren van groen tot paarsachtig. De koelste kleur is hemels- en zeeblauw. Koele kleuren hebben een rustgevend effect, ze staan voor dromen, kalmte en ingetogenheid.
Zet op een balkon op het zuiden planten met bloemen in koele kleuren. Het balkon zal niet alleen groter lijken, het blauw zal zorgen voor een frisse toets!

Neutrale kleuren

Echte neutrale kleuren zijn grijs en zwart. Grijs is er in verschillende tinten die gekleurd grijs worden genoemd en waarbij altijd een hoofdtint is te onderscheiden: blauwgrijs, oranjegrijs, bruingrijs. Neutrale kleuren laten pure kleuren goed uitkomen, door niet de aandacht af te leiden.
Om in de tuin het felrood van je lievelingsplant goed uit te laten komen, plaats je daar vlakbij gewassen met grijs blad, zoals lavendel, rozemarijn, eucalyptus of bepaalde grasgewassen.

Bloemen

Bloem	Omvang in volgroeide staat	Ligging	Grondsoort	Bijzonderheden	Tuintype	Pluspunt
Meerjarige planten						
Akelei	20-80 cm	zonnig tot halfschaduw	lichte en humusrijke	bloeit vanaf april	klein	verschillende kleurschakeringen
Campanula	10 cm	zonnig	gewone	bedekker	klein	bloeit in juni en september
Gaillardia	30-70 cm	in de volle zon	gewone	geschikt aan randen	klein	veelkleurige bloemen
Geranium	20-70 cm	zonnig tot halfschaduw	gewone	bodembedekker of struik	klein of groot	heldere bloemen
Heuchera	60-80 cm	zonnig tot halfschaduw	humusrijke en koele	groen blijvend blad	klein	zeer decoratief blad
Iris	60 cm	in de volle zon	gewone, goed gedraineerde	bloeit vanaf mei	klein	goed als snijbloem
Lelietje-van-dalen	20 cm	halfschaduw of schaduw	rijke en koele	geurend	klein	de bloemen brengen geluk
Lupine	0,5-1,2 m	zonnig tot halfschaduw	diepe en lichte	lentebloeier	klein of groot	zaait zich vanzelf uit
Margriet	0,4-1 m	in de volle zon	gewone	grote bloemen	klein of groot	er is ook een dubbelbloemige soort
Ridderspoor	0,4-1,8 m	zonnig	diepe en rijke	uitbundige bloei	klein of groot	verschillende kleuren
Rijstebrijplant	20-30 cm	in de volle zon	lichte, goed gedraineerde	bodembedekker	klein	is als een waterval te laten groeien
Stokroos	2 m	zonnig	rijke en gedraineerde	grote plant met verschillende kleuren	klein of groot	de soort 'Nigra' heeft zwarte bloemen

Bloemen

Bloem	Omvang in volgroeide staat	Ligging	Grondsoort	Bijzonderheden	Tuintype	Pluspunt
Eenjarige planten						
Afrikaantje	30 cm	in de volle zon	lichte en rijke	verjaagt bladluis; bloeit van mei tot oktober	klein	eetbare bloemen
Amarant	1 m	zonnig	diepe	neerhangende bloemen van juli tot oktober	klein of groot	geschikt als snijbloem
Balsemien	30-50 cm	halfschaduw tot schaduw	koele en humusrijke	bloeit van mei tot oktober	klein	mooi in pot op een terras in de schaduw
Begonia	30 cm	halfschaduw tot zonnig	lichte en gedraineerde	bloeit van mei tot oktober	klein	eetbare bloemen
Cosmea	0,6-1 m	zon	gewone	bloeit van juli tot oktober	klein of groot	geschikt als snijbloem
Goudsbloem	30-60 cm	zon tot halfschaduw	gewone	verjaagt bladluis; bloeit van mei tot oktober	klein of groot	eetbare bloemen
Leeuwenbek	0,25-1 m	in de volle zon	lichte en gedraineerde	bloeit van mei tot september	klein of groot	geschikt als snijbloem
Oost-Indische kers	0,3-2 m als hij klimt	zonnig	gewone	trekt bladluis aan; bloeit van mei tot oktober	klein of groot	eetbare bloemen en zaad
Slaapmutsje	30-40 cm	in de volle zon	gewone, goed gedraineerde	bloeit van juni tot oktober	klein	zaait zich vanzelf
Wild afrikaantje	0,3-1 m	zonnig	gewone	bloeit van mei tot oktober	klein of groot	grote, dubbele bloemen

Bloemen

Bloem	Omvang in vol-groeide staat	Ligging	Grondsoort	Bijzonderheden	Tuin-type	Pluspunt
Bolgewassen (lentebloei)						
Druifjes-hyacint	20-40 cm	milde zon of halfschaduw	gedraineerde gewone	bloeit in april en mei	klein	er is ook een dubbelbloemige soort
Fritillaria	0,25-1 m	zon tot lichte schaduw	gewone en droge	bloeit in april en mei; er bestaan ook grote soorten	klein of groot	de geur van de bol verjaagt knaagdieren
Hyacint	30 cm	zon tot halfschaduw	rijke en gedraineerde	geurend; bloeit in maart	klein	ook geschikt om het huis binnen mee op te fleuren
Narcis	15-40 cm	licht en zonnig	alle typen	bloeit van februari tot mei	klein of groot	geschikt als snijbloem
Tulp	20-70 cm	in de volle zon tot halfschaduw	lichte en gedraineerde	4000 soorten; bloeit van maart tot mei	klein of groot	eetbare bloemen; geschikt als snijbloem
Bolgewassen (zomerbloei)						
Begonia	20-30 cm	halfschaduw	gewone	dubbelbloemig; felle kleuren	klein	prachtig in een hangende pot
Canna	0,6-1,5 m	warm en zonnig	rijke en humusrijke	mooie kleur blad en bloemen	klein of groot	prachtig als alleenstaande plant
Dahlia	0,2-2 m	warm en zonnig	diepe, kleiachtige	bloeit van juli tot de eerste periode van vorst; in vele kleuren	klein of groot	geschikt als snijbloem
Fresia	30-50 cm	in de volle zon	lichte en zandhoudende	geurend; in verschillende kleuren	klein	zeer geschikt als snijbloem
Gladiool	0,6-1,2 m	in de volle zon	lichte en koele	in veel soorten en kleuren	klein of groot	zeer geschikt als snijbloem

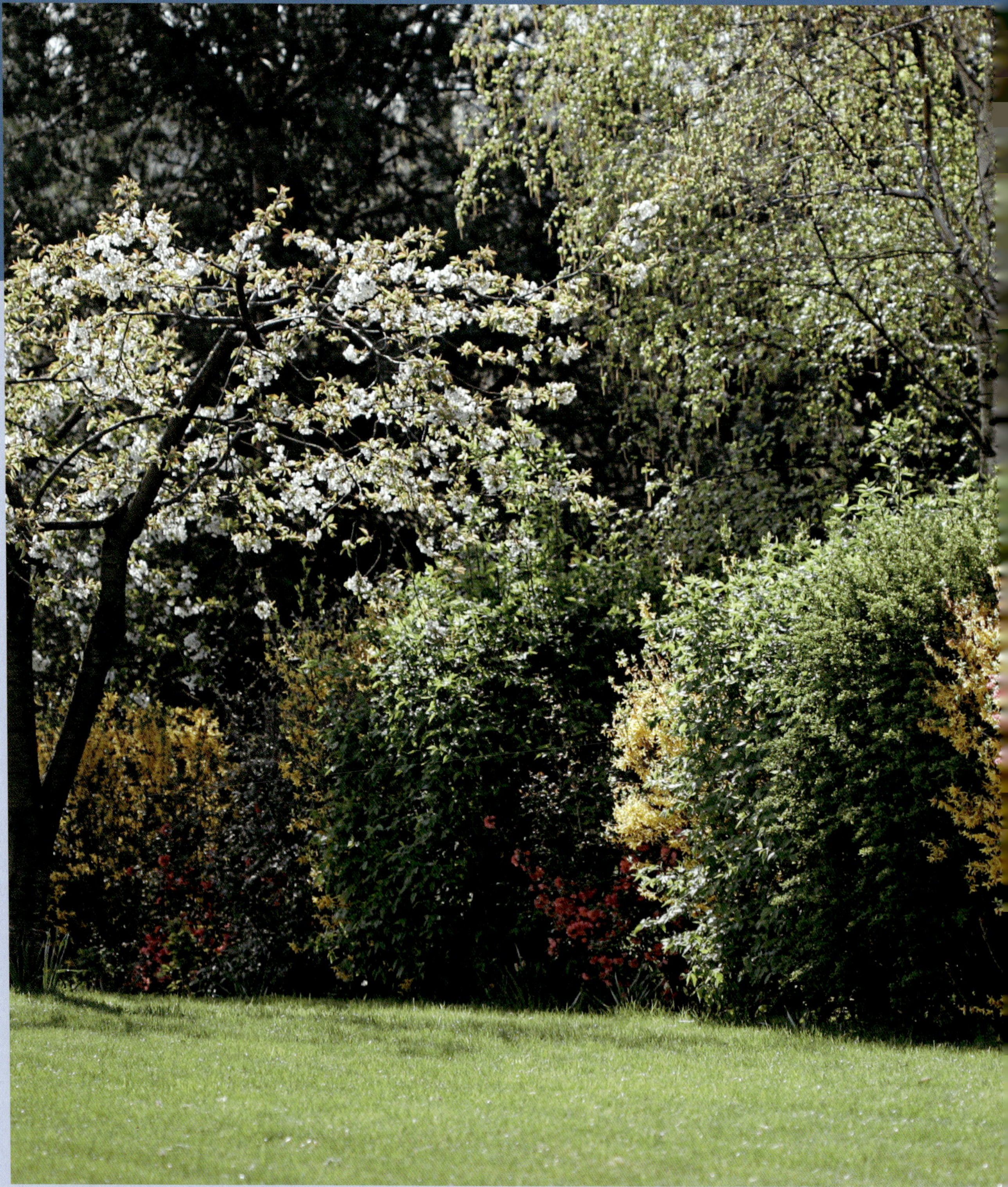

De haag

De haag bestaat al heel lang als omheining van velden. De haag biedt een plek voor vogels, beschermt gewassen tegen de wind en voert een eventueel teveel aan water af.

Langzaamaan verdwijnt de haag van het platteland om weer op te duiken in de stad, waar ze de buurtbewoners wat privacy geven, grondbezit afbakenen en de omgeving opvrolijken. De ecologische voordelen zijn er ook nog altijd, want er zitten nog altijd graag vogels en insecten in. Als dat niet natuurlijk is!

De haag is een heus ecosysteem, een tuintje binnen een tuin, een kleine wereld op zich, een plek waar de natuur haar gang kan gaan midden in de stad. Er zijn hagen in zoveel soorten en maten, dat er altijd wel één geschikt is voor jouw tuin. De haag is niet alleen een eenvoudige afscheiding met de tuin van de buren. Als je hem de nodige aandacht schenkt, zul je de veelzijdigheid van deze plant ontdekken.

Zet gerust verschillende struiken door elkaar. Zoveel mensen, zoveel smaken... en zoveel hagen!

De haag

Soorten hagen

Er bestaat geen vaste lijst van hagen, je kunt een haag naar eigen inzicht samenstellen. Je hoeft alleen stil te staan bij je wensen, en bij het praktisch nut voor de tuin. Leef je uit!

Haag met bloemen

De decoratieve haag met bloemen bloeit het hele jaar door. Door verschillende soorten slim door elkaar te zetten, breng je kleuren en geuren in de tuin. Ieder seizoen ziet de haag er weer anders uit. Zo'n stukje wilde natuur binnen handbereik is een genot voor de zintuigen.

Lage haag van buxus

De lage haag van buxus valt niet erg in het oog. De haag accentueert een laantje, scheidt de moestuin van de tuin, of dient als decoratie rondom een bloemperk. Maar zijn rol is wel degelijk van belang voor de tuin. De natuurlijke omlijsting gaat onkruid tegen.

Haag van thuja
Sinds de jaren zeventig van de vorige eeuw zie je deze haag overal. Het belangrijkste pluspunt is het vormen van een echt natuurlijke afbakening. Vandaag de dag is niet iedereen meer even enthousiast over deze haag, omdat hij niet echt biologisch zou zijn. Hij bestaat immers maar uit één enkele plantensoort en moet minstens tweemaal per jaar worden gesnoeid, waardoor dieren er niet zoveel aan hebben.

Soorten hagen

Gevarieerde haag

Een gevarieerde haag kan alle voordelen in zich verenigen: een decoratieve afscheiding, een prettige plek waar de biodiversiteit wel bij vaart... Leef je uit! Met bloemen, in verschillende kleuren, met groenblijvend blad, hoog en smal, laag en compact... alles is mogelijk. Maak de mooiste kleurencombinaties!

Haag als windscherm

De wind – nu eens stevig, dan weer koud – kan schade aan de planten toebrengen. Als er genoeg plaats voor is, kan een rij cipressen onbelemmerd groeien en beschutting bieden tegen de wind. Ook kunnen ze een ecologische afscheiding vormen rondom de tuin.

Wilde haag

Laat de wilde haag achter in de tuin gewoon staan. Doornstruiken, braamstruiken en natuurlijke bosjes bieden een veilig onderkomen aan de diertjes die zo nuttig zijn voor de tuin. Na enkele jaren is zo'n wilde haag uitgegroeid tot een heus miniatuurreservaat.

De haag

Biodiversiteit

Diversiteit brengt diversiteit voort! Een haag kan een ideale schuilplaats zijn voor dieren, zowel kleine als grotere. Met wat aandacht kun je al dat leven rondom het huis ontdekken en beschermen.

Vlinders

Bestuiving zorgt voor de bevruchting of zelfbevruchting van planten en dat levert ons groenten en fruit op. Dankzij insecten, en in het bijzonder de vlinders, vindt het wonder keer op keer, bloem voor bloem plaats. De haag trekt deze vlinders aan door zijn bloemen.

Bijen

Zonder bijen zouden we geen groenten en fruit meer kunnen oogsten, zou er geen leven meer zijn op aarde... Een fabeltje of de naakte waarheid? We zullen maar beter niet de proef op de som nemen. De haag trekt ook bijen aan dankzij de honinggevende soorten. Deze struiken, waarop veel insecten afkomen, zorgen ervoor dat het in de tuin op rolletjes blijft lopen.

Nuttige insecten

Insecten zijn overal in onze omgeving. Sommige vormen een plaag, andere bijten en beschadigen onze planten. Maar er zijn ook insecten die de tuinier werkelijk van nut zijn. De haag houdt de tuin in balans en maakt het gebruik van insectenverdelgers meestal overbodig.

Biodiversiteit

Vogels

Het zijn vooral vogels die insecten eten, en ze zijn dan ook onmisbaar in de tuin, ook al pikken ze dan ook wat kersen weg. Vaak nestelen ze in hagen. Pas op dat je ze dan niet stoort, en kort de hagen niet in.

Bessen

De pruimenboom, de wilde appelboom, de meidoorn en de lijsterbes… De wilde haag zit boordevol smaken en geuren, zelfs in de winter. Alle struiken die in de winter bessen dragen zijn gunstig, ze verschaffen de vogels in de tuin een natuurlijke voedselvoorraad.

Eekhoorns en egels

De eekhoorn, de steenmarter, de egel en nog heel veel andere dieren verschuilen zich graag in de struiken. Hoe dichter en hoe hoger de haag is, hoe liever de beestjes er vertoeven. Snoei alleen als het echt noodzakelijk is. Deze diertjes, die echte tuiniers genoemd mogen worden, zitten nergens beter dan in de haag. Gun ze deze fijne plek in de tuin!

De haag

Een haag planten

Het planten is het belangrijkste moment in het leven van een haag. Als het planten goed verloopt, zal de plant goed gezond zijn. Gezonde planten hebben minder zorg van de tuinier nodig. Als je deze stappen zorgvuldig opvolgt, zul je daar geen spijt van krijgen!

De grond voorbereiden

Graaf een kuil die ongeveer vijfmaal zo groot is als de omvang van de pot. Deze grote kuil zorgt ervoor dat de grond wordt omgewoeld, zodat de plant in een losse grond komt te staan. De kleine wortels dringen zo gemakkelijk in de grond. Hoe zwaarder de grond is, hoe belangrijker deze stap is voor het goed aanslaan van de plant.

Welke afstand moet je aanhouden bij het planten van de haag? Houd voor de grote struiken 1 meter aan en voor de kleine planten 50 centimeter. Het heeft geen zin om ze bij het planten te dicht op elkaar te zetten, want ze zullen vanzelf naar elkaar toe groeien. Gebruik een stok om steeds dezelfde afstand te hanteren.

Een haag planten

Vermeng de grond met speciale tuinaarde voor het planten om het gewas goed te laten aarden. Zo wordt de grond lichter en voorzien van de noodzakelijke voeding voor een optimale start.

Tuinaarde

De grond in de tuin kan zwaar, compact of licht zijn, maar ook voedselarm zijn. Toch moeten de planten waaruit de haag bestaat het in de toekomst met deze grond doen. Het mengsel van tuinaarde met grond zorgt ervoor dat de plant beter kan aarden. Tuinaarde die speciaal geschikt is voor het planten, is in speciaalzaken te koop. De samenstelling van deze tuinaarde maakt deze geschikt voor elke grondsoort. Gebruik gelijke delen tuinaarde en grondverbeteraar voor een optimaal mengsel, zodat de planten goed zullen aarden.

Onderdompelen in water

Verwijder de pot en krab voorzichtig met een tuinschaar de wortels los. Dompel de kluit vervolgens helemaal onder in een teil water, zodat die zich helemaal kan volzuigen, voordat hij de grond ingaat.

Door de wortels voorzichtig los te krabben, zullen ze sneller en beter in de grond kunnen doordringen. In de pot hebben ze dicht op elkaar gezeten tijdens de groei van de plant. Je kunt ze met behulp van een tuinschaar van elkaar losmaken.

De haag

Planten

Stamp de aarde aan als de plant op zijn plek staat, zodat de wortels goed in contact komen met de grond. Maak met de resterende aarde een dijkje rondom de plant. Zo bespaar je liters water.

Water geven

Geef meteen na het planten overvloedig water: per struik twee gieters van 10 liter. Blijf gedurende de eerste zomer water geven, zodat de plant zeker goed zal aanslaan. Gebruik bij voorkeur opgevangen regenwater.

Na het water geven moet de plant zelf aan water zien te komen. Bedek de grond met een laag stro of een ander geschikt materiaal, zodat er minder onkruid zal groeien dat het water opzuigt. Ook verdampt er dan minder water uit de grond, en blijft de grond na een regenbui langer vochtig.

De snoei

Een verzorgde haag met een vlakke bovenkant moet regelmatig worden gesnoeid. Zo zal de haag goed groeien. Snoei een vierkante, lage of eensoortige haag in april en augustus. Een bloeiende haag moet na de bloei worden gesnoeid, en een wilde of meersoortige haag tegen het einde van de winter.

Vierkante haag

Span een koord om de haag goed recht te knippen. Door vlak boven het koord te snoeien, ontstaat er een mooie rechte haag. Ga op een verhoging staan om gemakkelijker en nauwkeuriger te kunnen snoeien.

Om een haag goed te kunnen snoeien, is het belangrijk dat je stevig en veilig staat. Gebruik bij hoge hagen een steiger zodat je je op de juiste hoogte bevindt en een goed zicht hebt op de voortgang van het karwei. Vanzelfsprekend moet een steiger zorgvuldig worden opgesteld.

De haag

Begin altijd onder aan de haag, en eindig aan de bovenkant. Werk zo de hele haag af, om de steiger zo min mogelijk te hoeven verplaatsen.

Het koord dient als richtsnoer en moet altijd gespannen zijn. Door een afgevallen tak of een te snelle verplaatsing kan het koord anders komen te hangen. Controleer steeds of het koord nog goed hangt.

Vrije haag of bloeiende haag

Als de bloemen zijn uitgebloeid, kun je de struiken snoeien om ze hun ronde vorm terug te geven.
Een bloeiende haag kan bestaan uit struiken met stuk voor stuk hun eigen vorm.

De snoei

Hoe ouder de struik, hoe kaler de takken. Langzaam maar zeker sterven ze en groeien er nieuwe takken voor in de plaats. Onderhoud de struik ook in het midden, door de oude takken te verwijderen zodat de sterke takken meer ruimte krijgen om te groeien.

Schoonheid zit in ronde vormen. Snoei ook de gemengde hagen, met struiken van verschillende vormen en afmetingen, mooi rond. Zo behoudt de haag zijn harmonieuze karakter.

Wilde haag

Hoewel de wilde haag van nature onregelmatige vormen heeft, moet deze toch regelmatig worden gesnoeid. Zo voorkom je dat de haag te groot wordt. Snoei de grootste takken zonder al te nauwkeurig te werk te gaan. De haag hoeft immers niet helemaal recht te worden.

De haag

Verwijder dode, beschadigde en oude takken om nieuwe takken de ruimte te geven. Zo wordt de struik weer krachtig en zal, al naargelang de soort, meer bloemen en vruchten dragen.

Welk gereedschap?

De elektrische heggenschaar is heel handig. Hij werkt, ongeacht de omstandigheden of het seizoen. Er bestaan ook heggenscharen die op een accu werken. Pas vooral goed op om tijdens het snoeien van de haag de kabel niet door te zagen. Hoewel er geen kans op elektrocutie is, want er zit beveiliging op, kun je toch beter geen enkel risico nemen.

Er is niet altijd elektriciteit aanwezig, vooral niet als de haag zich helemaal achter in de tuin bevindt. Een heggenschaar op benzine is dan handig, en heel krachtig, maar verbruikt wel veel fossiele brandstof. Gebruik de heggenschaar daarom niet meer dan nodig is.

Handmatig snoeien met een heggenschaar is, zelfs voor de hagen met een strakke vorm, de methode voor de échte tuiniers onder ons. Het kost geen brandstof en de bladeren blijven mooi heel.

Het onderhoud

Een dichtbegroeide haag trekt nuttige dieren aan, maar ook schadelijke insecten en ziekten. Door regelmatig onderhoud te plegen, blijven de struiken gezond en in vorm.

Grond schoonhouden

Houd de grond rondom de stammen van de struiken goed schoon om onkruid minder kans te geven. Dit geldt voor alle soorten struiken. Woel regelmatig de grond om met een schoffel of een wiedhaak.

Goed voor de conditie!
Het schoonkrabben van de grond rondom de stammen met een wiedhaak is een heel goede oefening! Door te schoffelen of met een wiedhaak de grond om te woelen, verwijder je uiteraard het onkruid, maar ook je conditie vaart er wel bij! Het is net zo effectief als een stevige wandeling!

De haag kan te lijden hebben van parasieten of ziekten. Je kunt preventief de beschadigde of gebroken takken verwijderen. Maak de wond goed schoon en wrijf hem in met wondpasta voor een snelle en mooie genezing.

De haag

Grond bedekken

Maak de grond eerst schoon en bedek hem daarna met 10 centimeter dennenschors voor een goede bescherming.

> Het gebruik van een chemisch onkruidbestrijdingsmiddel is af te raden bij het biologisch tuinieren. Het bedekken van de grond is een eenvoudig en natuurlijk middel tegen onkruid. Hierbij zijn verschillende materialen te gebruiken, zoals dennenschors, hennep- of vlasstrooisel en cacaomulch.

Je kunt ook meteen na het planten worteldoek over de volle lengte van de haag leggen. Zo'n doek is ongeveer 1 meter breed en is vast te zetten met metalen pinnen.

> Worteldoek als bodembeschermer is zeer efficiënt tegen onkruid. Tegenwoordig zijn er ook biologisch afbreekbare doeken van aardappelzetmeel. Om het er beter uit te laten zien, kun je ook dennenschors over het doek strooien.

Het onderhoud

Natuurlijk bemesten

Zoals alle planten, kan ook de haag lijden aan een voedseltekort. Het kan gebeuren dat er niet genoeg voeding in de grond zit voor alle struiken die naast elkaar staan. Voeg daarom jaarlijks aan de grond een natuurlijk bemestingsmiddel toe dat geschikt is voor de biologische landbouw. Houd je aan de op de verpakking aangegeven dosering.

Strooi compost tussen de hagen die geen bodembeschermer hebben. Bewerk de grond zodat er lucht bij kan komen, en strooi een laag compost van 3-4 centimeter dik rondom de stammen.

De haag

Sommige planten zijn geschikter dan andere voor het vormen van een haag. Hieronder volgt een lijst die je als hulpmiddel kunt gebruiken bij het maken van je keuze.

Plant	Hoogte in volgroeide staat	Ligging	Grondsoort	Voordelen	Type haag	Pluspunt
Berberis	1-2 m	zon	gewone	blad	afbakening	doornstruik, de vruchten trekken vogels aan
Buxus	0,5-2 m	schaduw of zon	gewone	blad	laag	groenblijvend blad
Cipres	20 m	schaduw of zon	gewone gedraineerde	blad	vierkant	goed windscherm
Dwergmispel	1-2 m	zon	gewone	vruchten	meersoortig	de vruchten trekken vogels aan
Elaeagnus	2-4 m	schaduw of zon	gewone gedraineerde	blad	vierkant	zilverkleurig blad, decoratief
Haagbeuk	10 m	schaduw of zon	gewone	vorm	windscherm	kan zeer goed tegen kou
Hulst	2-5 m	schaduw of zon	rijke	blad en vruchten	meersoortig	de rode bolletjes trekken vogels aan
Japanse kweepeer	1-2 m	zon	gewone	bloemen	meersoortig	lentebloeier, eetbare vruchten
Kardinaalsmuts	1-3 m	zon	gewone	vruchten	meersoortig	decoratieve vruchten
Ranonkelstruik	1-2 m	zon	gewone	bloemen	meersoortig	snelle groei
Vlinderstruik	2-4 m	zon	gewone	bloemen	meersoortig	trekt vlinders aan

De haag

Plant	Hoogte in volgroeide staat	Ligging	Grondsoort	Voordelen	Type haag	Pluspunt
Glansmispel	2-5 m	zon	gewone	blad	vierkant	decoratief blad, in de lente rood en in de zomer groen
Hazelaar	2-4 m	zon	gewone	vruchten	meersoortig	onmisbaar voor eekhoorns
Laurierkers	2-5 m	schaduw of zon	rijke	blad	vierkant	groenblijvend blad
Lavendel	0,5 m	zon	gewone gedraineerde	bloemen	laag	geurend; trekt bijen aan
Liguster	1-2 m	schaduw of zon	gewone	blad	laag of vierkant	de vruchten trekken vogels aan
Mahonia	1-2 m	schaduw of zon	gewone	blad en bloemen	meersoortig	bloeit in de winter
Spirea	1-3 m	zon	gewone	bloemen	laag of meersoortig	veel bloemen
Taxus	20 m	schaduw of zon	gewone gedraineerde	blad	vierkant	dicht gebladerte
Thuja	20 m	schaduw of zon	gewone gedraineerde	blad	vierkant	groeit goed; wordt ook vrijstaand geplant
Vuurdoorn	2-4 m	zon	gewone	vruchten	vierkant of meersoortig	doornstruik; de vruchten trekken vogels aan

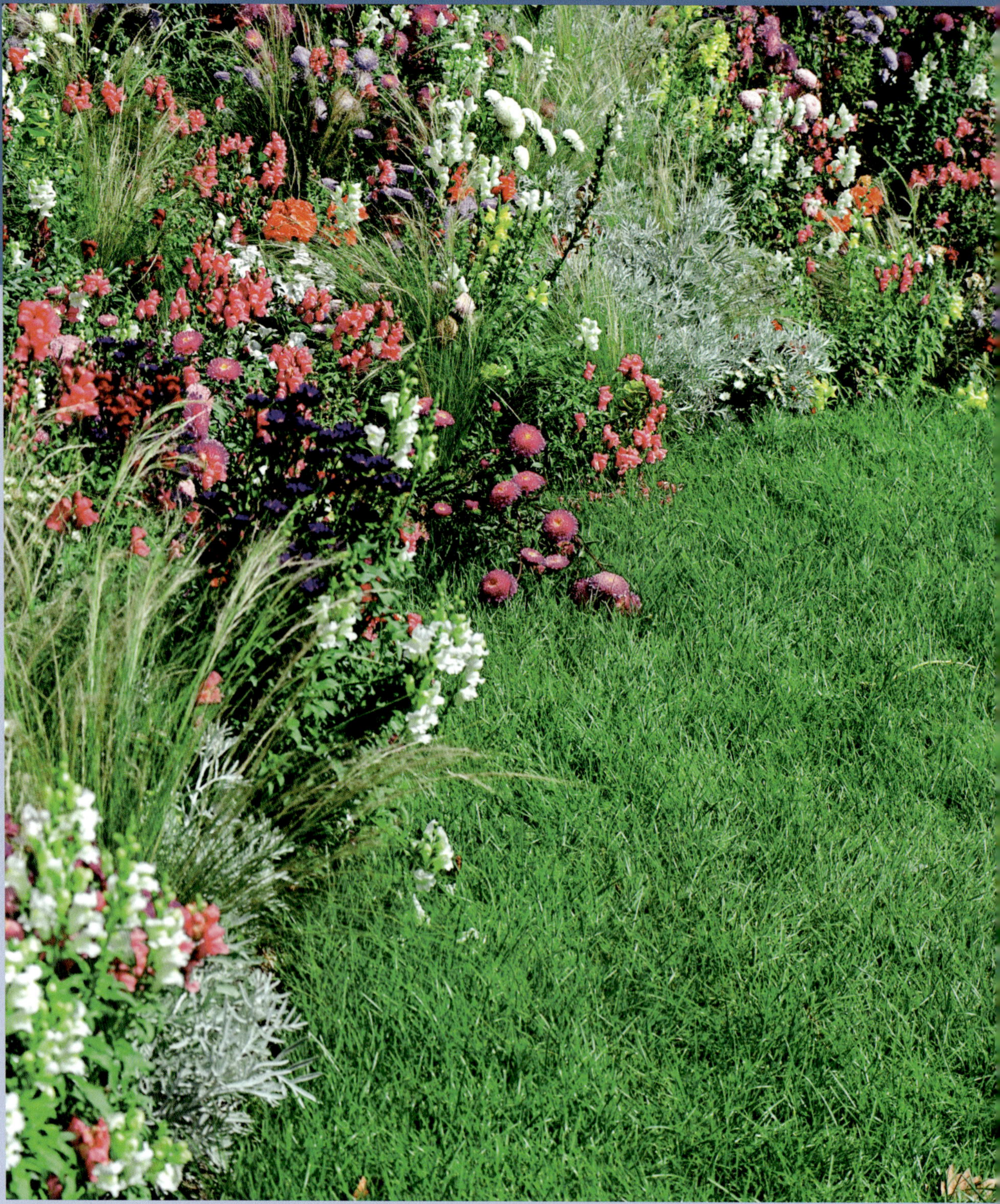

Het gazon

Een gazon is een tapijt in de tuin, een natuurlijk grastapijt waaraan iedereen plezier beleeft. Er is geen tot in de puntjes verzorgd Engels gazon voor nodig om heerlijk te kunnen spelen of ontspannen! Een mooi gazon, zonder gebruikmaking van dure en ingewikkelde middelen, ligt binnen ieders bereik. Geniet van een natuurlijk grasveld!

Het gazon is de meest geliefde plek in de tuin van de hobbytuinier. Het is vrij eenvoudig om het gazon mooi en praktisch te houden. Het is er goed toeven en ontspannen, met of zonder ligstoel, met of zonder plaid.

Iedereen die wel eens aan sport heeft gedaan, herinnert zich de veerkracht van een mooi grasveld. Bij voetbalwedstrijden of rugbywedstrijden is de kwaliteit van het gras van groot belang. Voor spelende kinderen is dat niet anders, en ze zullen het beter naar hun zin hebben op een mooi gemaaid grasveld, dat geschikt is voor welke buitenactiviteit dan ook!

Het gazon heeft ook een statige kant, en roept het beeld op van grootse kastelen in de renaissance, omgeven door een groen tapijt. Ook in een tuin, hoe klein ook, zorgt gras voor de onmisbare groene toets. Het gras is als een decor, waar de artistieke tuinier vervolgens de bloemen en bomen op rangschikt.

Het gazon

Een gazon aanleggen

Een gazon maakt deel uit van bijna elke tuin. Het is een plek waar geleefd wordt: je kunt er spelen, ontspannen, tot jezelf komen... Een gazon of een grasveld, al dan niet kort gemaaid, is niet weg te denken uit het landschap.

De grond voorbereiden

Gazon op ecologische wijze verwijderen

De beste manier om het gras in een natuurlijke tuin in zijn geheel te verwijderen, is door het gazon met een doek te bedekken. Zo kan er geen licht meer bij het gras komen, dat daardoor geleidelijk zal sterven. Na vier of vijf maanden is de grond helemaal kaal en gereed om opnieuw te worden ingezaaid.

Er zijn per jaar twee geschikte perioden om het gazon in te zaaien. In de lente, in april of mei, als de grond is opgewarmd, en in september, zodat het zaad kan profiteren van de herfstbuien.

Om een groot grasveld van het gras te ontdoen zonder gebruik te maken van een schadelijk middel, kun je ook met de schoffelmachine over het gras gaan, allereerst in de herfst, om de wortels te verwijderen, en dan nog een- of tweemaal in de lente. Zo is de grond goed voorbereid.

Een gazon aanleggen

Voordat je gaat zaaien, werk je eerst de grond goed om en vervolgens trek je al het onkruid eruit. Met een harkje verwijder je de plantjes met wortel en al, zodat ze in het nieuwe gazon niet opnieuw opkomen.

Type grond
Zware, kleiachtige en kalkrijke grond heeft na de winter veel meer tijd nodig om op te warmen. Zaai deze grond bij voorkeur in de herfst in. Lichte, zandhoudende grond verwarmt snel, waardoor het graszaad in de lente kan worden ingezaaid.

Verwijder vervolgens met een hark alle stenen en achtergebleven kluiten. Hoe fijner de grond, hoe gemakkelijker het is om hem in te zaaien.

Het gazon

Zaaien

Gebruik een zaaimachine of zaai met de hand. Laat het zaad tussen je vingers doorglippen, en zaai regelmatig. Reken daarbij op een zaadje per vierkante centimeter.

Het heeft geen zin om te veel zaad te zaaien. Op de verpakking staat hoeveel vierkante meter je met een pakje kunt inzaaien. Als er te veel wordt gezaaid, zullen de meeste zaadjes verstikken en doodgaan door plaatsgebrek.

Je kunt de zaden bedekken met wat aarde zodat de vogels ze niet meteen komen oppikken. Hark voorzichtig over de ingezaaide grond om de zaden met een dun laagje aarde te bedekken.

Een gazonroller zorgt ervoor dat de nog losse grond wordt aangedrukt, en de zaden goed contact maken met de grond. Zo kunnen de zaden ontkiemen. Ga voor een optimaal resultaat in beide richtingen met de roller over de grond.

Een gazon aanleggen

Water geven

Als het niet meteen begint te regenen, besproei je het gazon zodat de zaden een goede start kunnen maken. Maar pas op: doe dit niet te vaak. Door te vaak water te geven, wordt het gazon hiervan afhankelijk, en zal het minder goed bestand zijn tegen droogte.

Maaien

Als het gras eenmaal is opgekomen, kun je het zodra de hoogste sprieten ongeveer 8 centimeter hoog zijn gaan maaien. Verwijder het gemaaide gras en ga vervolgens met de roller over het gazon om de grond die is losgekomen tijdens het maaien weer aan te drukken.

Het gazon

Het onderhoud

Het maaien is erg belangrijk voor de gezondheid van het gazon. Houd rekening met de weersverwachtingen, de vochtigheidsgraad van de bodem, de hoogte van het gras en de kwaliteit van de grasmaaier. Een gazon in goede gezondheid moet regelmatig worden gemaaid.

Maaien

De wielen zijn op iedere grasmaaier in hoogte verstelbaar, afhankelijk van de hoogte van het gras. Het heeft geen zin om de grasmaaier laag in te stellen als het gras hoog staat, de grasmaaier heeft er alleen maar onder te lijden. Maai het gazon bij hoog gras tweemaal: de eerste keer in een hoge stand en vervolgens nog een keer in een lage stand.

Laat het gras in de zomer groeien door niet te vaak en niet te kort te maaien. Hoe hoger het gras, hoe beter het gazon bestand is tegen droogte. Bovendien bespaar je op die manier water.

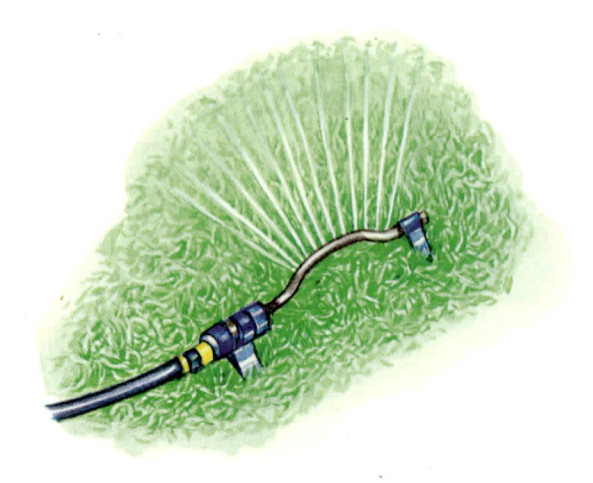

Water geven

Een pas gezaaid gazon kun je als het niet regent van tijd tot tijd water geven zodat de zaden beter ontkiemen. Daarna heeft vaak water geven tot gevolg dat het wortelstelsel zich niet goed ontwikkelt. Bij hogere temperaturen zal het gazon snel uitdrogen en geel worden. Geef daarom steeds de minimale hoeveelheid water die nodig is, bij voorkeur opgevangen regenwater.

Het onderhoud

Verluchten

Door de grond te verluchten met een verticuteermachine, krijgt de grond meer lucht en wordt de basis van het gazon gereinigd. Doe dit in de lente en in de herfst, om het gazon te reinigen en om het gras op een ideale ondergrond te laten groeien.

Bemesten

In de lente kun je een speciaal, natuurlijk bemestingsmiddel voor het gazon gebruiken. Lees de gebruiksaanwijzing op de verpakking zorgvuldig door. Het heeft geen zin om een hogere dosering te gebruiken: je bereikt daarmee juist het tegenovergestelde en het jonge gras kan verbranden.

Onkruid wieden

Verwijder regelmatig onkruid. Als er niet veel staat, kun je dit met de hand verwijderen, of met het wiedijzer als de wortels diep zitten zoals bij de paardenbloem. Kruid of onkruid, met hun groene kleur passen ze allemaal uitstekend op een regelmatig gemaaid grasveld.

Het gazon

De samenstelling van een gazon

De gazonzaden die in de winkel te koop zijn, bestaan uit zaden van verschillende grassoorten met verschillende eigenschappen wat betreft grootte, groeisnelheid en hoogte. Bedenk hoe je het gazon gaat gebruiken, en baseer daarop je keuze.

Voornaam en esthetisch

Dit gazon is samengesteld uit grassoorten met een fijn blad en een grote dichtheid, zoals schapengras, roodzwenkgras en struisgras, en ziet er fraai uit.

Sport en spel

Dit stevige, dichte gazon bestaat voor meer dan 60% uit grassoorten die goed bestand zijn tegen betreding, zoals rietzwenkgras, veldbeemdgras en Engels raaigras, en is daarom ideaal voor spelende kinderen.

Sterk (spel en ontspanning)

Dit gazon is praktisch, snel aan te leggen en mooi om te zien, en verenigt daarmee de voordelen van een esthetisch gazon en een gazon om op te sporten. Het bestaat uit klassieke grassoorten en 30-40% Engels raaigras, en heeft een goede prijs-kwaliteitverhouding.

Schaduw

Deze samenstelling, met verschillende soorten Festuca, is geschikt voor een gazon in de schaduw, of liever gezegd voor op schaduwrijke plekken. Zoals alle planten heeft ook gras ten minste wat licht nodig, en groeit het niet op plekken waar alleen maar schaduw is.

Zon en droogte

Dit gazon bestaat voornamelijk uit gewoon roodzwenkgras en roodzwenkgras met forse uitlopers. Het kan goed tegen droogte. In zeer warme zomers kan het gazon geel worden, maar het wordt weer groen zodra de eerste herfstbuien vallen.

Grasveld

Hiermee wordt geen samenstelling bedoeld, maar een manier om het gras toegankelijker te maken voor sport en wandelingen. Als het regelmatig wordt gemaaid, kan zelfs een veld dat vol onkruid staat een prachtig speelveld worden. Zo kan een gemaaid veld tippen aan een gazon!

Een grasveld kan kooldioxide uit de lucht omzetten in zuurstof. Een hectare grasveld zet een hoeveelheid kooldioxide om die jaarlijks door tien gezinnen van vier personen wordt uitgestoten! Grasvelden zijn daarom de groene longen van een stad. Bovendien neemt gras stof uit de lucht in zich op en filtert het water dat in de grond zakt.

Kruid en onkruid tussen het gras

Kruid en onkruid op gazons en grasvelden: ze horen nu eenmaal bij gras, dus laten we er mee leren leven!

Naam	Blad	Bijzonderheden	Meest geschikte plekken	Pluspunten
Boterbloem	breed en hoog	mooie goudkleurige bloem	in de tuingrond, zelfs in de schaduw	meer dan 300 soorten in de natuur
Engels raaigras	lancetvormig, lang	in bosjes, decoratief	grasveld, gazon	groeit weer aan na droogte
Klaver	drie ronde zijden	brengt geluk... als hij tenminste vier blaadjes heeft!	veel verschillende soorten; zeer woekerend	goede groenbemesting
Kweekgras	breed en hoog	de wortelstok groeit zeer snel	grasperk, bloemperk, moestuin...	perfect voor vee; de hele plant wordt als geneeskrachtig middel gebruikt
Paardenbloem	gekarteld	prachtige gele bloemen in de lente	grasveld met diepe, kleiachtige grond	de jonge plant is heerlijk in salades
Veldbeemdgras	klein	zeer sterk, groeit vrij langzaam met de wortelstok	gazon	perfect om verwoeste grond weer terug te winnen
Weegbree	lancetvormig of rond	werkzaam tegen insectenbeten	grasveld, weide, moestuin	de jonge bladeren kunnen in de salade
Winde	hartvormig	klimplant	overal in de tuin, vooral in de zon	zeer mooi om oude hekken mee op te fleuren
Zwenkgras	fijn en dicht	verschillende, zeer decoratieve soorten	geschikt voor alle typen grond, zelfs schrale	goed bestand tegen ziekten

Het gazon

Het gereedschap

Handgrasmaaier

Deze grasmaaier is geschikt voor kleine gazons. Door de machine vooruit te duwen, komen de spiraalvormige messen in beweging. Deze messen snijden het gras mooi af, waardoor het gazon in een betere staat verkeert dan wanneer het gemaaid wordt met de ronddraaiende messen van een maaimachine.

Benzinegrasmaaier

De grasmaaier met motor is onmisbaar voor de middelgrote en grote gazons. Hij moet passen bij de oppervlakte van het gazon, want anders is het resultaat niet mooi en verbruikt hij te veel energie.

Verticuteermachine

De verticuteermachine reinigt het gazon diep en brengt lucht in de grond. Hij is onmisbaar voor een goede staat van het gazon, en verwijdert mos op de meest natuurlijke manier. Ga er in maart en oktober mee over het kort gemaaide gazon. Het meest efficiënt is de verticuteermachine met benzinemotor. De messen gaan dieper de grond in en ze brengen meer lucht in de grond. Bij sommige tuincentra is dit apparaat te huur. Voor de ijverige tuinier is de verticuteermachine met handmatige bediening zeer doelmatig, en anders is er nog de elektrische verticuteermachine, met een goede prijs-kwaliteitverhouding.

> **Mulchmaaier**
> Handig: de 3-in-1 grasmaaier! Deze grasmaaier werpt het gras weer uit, vangt het op in een bak of beschikt over een mulchmogelijkheid om de takjes en het andere kleine afval in stukjes te vermalen, waardoor het karwei van takjes rapen je voortaan bespaard blijft!

Het gereedschap

Grashark

Hiermee hark je gras, bladeren en mos bijeen na het gebruik van de verticuteermachine. Er zijn twee typen grashark: met platte tanden voor het oprapen van met name gras en blad, of met ronde tanden om dieper te kunnen harken, voor het verwijderen van mos.

Meststrooier

Zoals iedere plant heeft de combinatie van grassen waaruit het gazon bestaat een regelmatige hoeveelheid voeding nodig. Een gezond gazon heeft de beschikking over voldoende voeding. Gebruik een strooier voor de juiste dosering zoals aangegeven op de verpakking van de mest.

Graskantknipper

Een grasmaaier kan niet in de kleinste hoekjes van de tuin, achter obstakels of dicht bij bomen komen. De graskantknipper die je met de hand bedient of de elektrische variant is onmisbaar voor een tot in de puntjes verzorgd gazon.

Of het nu gaat om een grasmaaier, een zitmaaier of een verticuteermachine, alle benzinemotors moeten in de winter geleegd worden. De loodvrije benzine (95) kan oxideren en de carburator bevuilen. Gebruik toevoegingen voor de benzine om dit probleem te verhelpen.

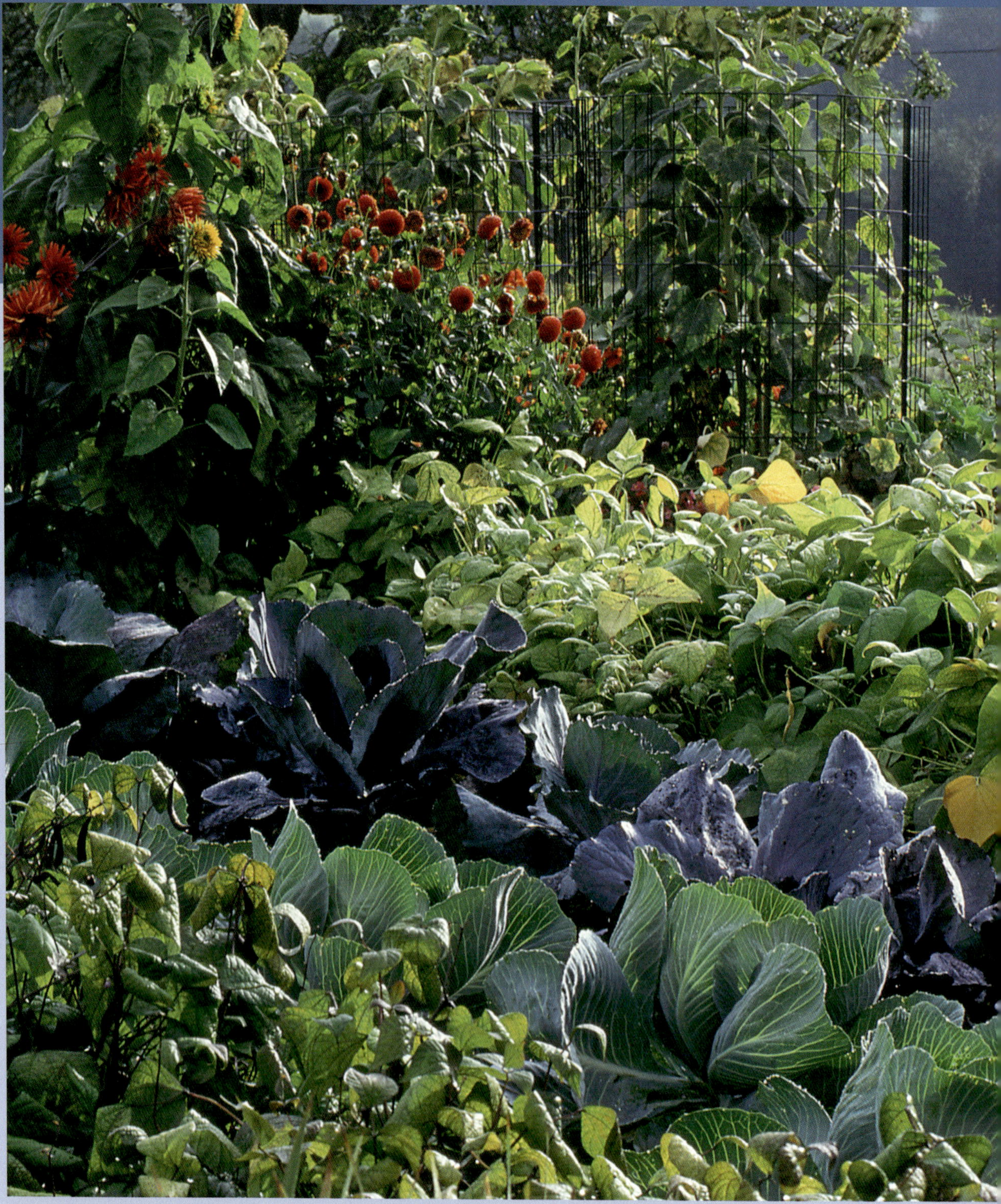

De moestuin

Om gezond te blijven, moeten we minimaal vijf stuks groenten en fruit per dag eten. Met een moestuin red je dat gemakkelijk! Groenten passen in iedere soep en sommige zijn het lekkerst om gewoon rauw te eten. En het lekkerste nagerecht ter wereld? Dat is een vers geplukte perzik, aardbei of een appel uit eigen tuin. De lekkerste salades komen rechtstreeks uit de moestuin. Een moestuin zorgt voor hervonden geluk, voor eenvoud, eerlijke smaken en natuurlijke kwaliteit.

De moestuin is er voor iedereen. Voor het gezin, met ieders favoriete groente. Courgette om soep van te maken voor de kinderen, aubergine voor op de barbecue van vader, munt voor in moeders salade. Voor de vrienden is er wat te knabbelen bij het aperitief en een mooie plek is weggelegd voor de geurende kruiden voor het vlees op de grill. Voor de sportievelingen zijn er zetmeelhoudende groenten en andere opwekkende planten, en voor de liefhebbers van natuurlijke geneeswijzen zijn er de geneeskrachtige planten.

De moestuin

Een gezonde moestuin

Goed voor de conditie!

Tuinieren is een echte sport. Door het regelmatig en op de juiste manier te doen, vaart je lichaam er wel bij. Spaar je rug door verkeerde bewegingen te vermijden, houd je rug recht en ga door de knieën. Je werkt dicht bij de grond, dus maak het jezelf gemakkelijk, steun op één knie en leg een zacht kussentje onder je knie. Trek je bij het opstaan op aan een schoffel die vlak bij je staat. Gebruik een kruiwagen om de zakken tuinaarde te vervoeren. Om deze er weer vanaf te halen, buig je door de knieën en klem je de zak tuinaarde tegen je buik voordat je overeind komt. Maak gebruik van uitschuifbaar gereedschap en laat het gereedschap het werk doen.

Haal diep adem

Waar geniet je meer van de frisse lucht dan in de natuurlijke tuin en moestuin? Adem diep in en weer uit, vul je longen met de schone, heilzame lucht. Wat houdt je tegen om in alle rust wat ademhalings- en ontspanningsoefeningen te doen? Welke plek ademt er zoveel kalmte uit als de tuin?

Decoratief

Ook wat sierwaarde betreft, hoeft de moestuin niet onder te doen voor de andere delen van de tuin. Het is jouw ruimte, die je naar hartenlust kunt opvrolijken. Als je een overvloedige oogst wilt, moet je je natuurlijk aan bepaalde richtlijnen houden. Maar op het vlak van de decoratie is alles toegestaan! Leef je uit, het is jouw ruimte in de natuur, jouw kunstwerk! Plant er om de biodiversiteit te bevorderen én omdat het leuk is, ook je favoriete bloemen die je graag in een vaasje zet. Een moestuin kan heel decoratief zijn, trendy, vindingrijk en zelfs glamour... alles hangt af van de inspiratie van de tuinier.

Een gezonde moestuin

Welk type moestuin?

Vierkant

In de middeleeuwen waren de moestuinen vierkant van vorm. Ook vandaag de dag kun je het zo doen. Je combineert planten op een vierkante meter. Nog beter is het om deze ruimten op te hogen, door houten bakken met grond uit de tuin of speciale tuinaarde voor het planten te gebruiken. Deze methode heeft veel voordelen: je hoeft minder te bukken, het is gemakkelijker om de planten met elkaar te combineren en om wisselbouw toe te passen, en het ziet er ook nog erg leuk uit!
Op een vierkante meter zet je tomaten met afrikaantjes tegen meeldauw en bladluis, op een andere plant je kroppen sla met bernagie tegen naaktslakken, en op weer een andere plant je kolen en zet je er potjes munt tussen tegen het koolwitje, enzovoort!

In een bloemperk

Een moestuin past overal. Tomatenplanten kunnen heel goed achter in een bloemperk worden geplant, zolang ze maar in de zon staan. Aan de randen kunnen kroppen sla en witlof worden geplant. Midden in de border gedijen artisjokken goed en zijn bovendien mooi om te zien.
En als je geen idee hebt wat je moet planten in het sombere hoekje van het bloemenperk, denk dan aan reuzenpompoenen om het hoekje mee op te vrolijken.
Om alle ruimte te benutten, kun je de bodem bedekken met groenten, die er meteen voor zorgen dat de grond minder snel uitdroogt. Houd alleen rekening met de hoogteverschillen en zet de kleine planten vooraan, de middelgrote in het midden en de grote achteraan. Op die manier groeien de planten in perfecte harmonie en krijgen ze allemaal genoeg zon, water, licht en aarde.

De moestuin

> Deel je een stukje gemeenschappelijke grond met de buren? Dat is een goede gelegenheid om een gedeelde moestuin te beginnen, waarbij het woord 'delen' ook werkelijk 'delen' betekent! Je verdeelt het werk, de aankoop van zaden en planten. Je deelt kennis van zaken, maar je verdeelt ook het werk gedurende de vakantieperiode. En als er geoogst kan worden, wordt er natuurlijk weer gedeeld, niet alleen de groenten maar ook de culinaire recepten worden uitgewisseld.

Grote moestuin

Als je besluit een grote moestuin aan te leggen, is het handig om deze in twee of vier blokken te verdelen, gescheiden door één of twee paadjes. Reken op honderd vierkante meter moestuin om twee personen voldoende groenten en fruit te leveren. In de middeleeuwen verbouwde men meer dan zeventig soorten groente in de moestuin. Vandaag de dag komen we niet verder dan twintig soorten... Wissel af, plant je favoriete groenten en zet nieuwe en ouderwetse groenten door elkaar. Plant liever niet te veel van hetzelfde, zodat schadelijke insecten in de war raken door de verschillende geuren en hun favoriete groente niet meer kunnen vinden. En het is leuker om een moestuin te onderhouden met kleine percelen.

Moestuin in de stad

Evenals volkstuinen verschijnen er in steden ook steeds meer moestuinen. Het principe is eenvoudig: de gemeente wijst aan iedere geïnteresseerde burger een stukje grond toe om er een tuintje aan te leggen. De meesten kiezen voor een moestuin. Een tuin lijkt op de tuinier en dat geldt zeker voor volkstuinen, waar je allerlei stijlen en methoden door elkaar ziet en de groene vingers zich steeds verraden.

De grond voorbereiden

De grond voorbereiden

Een moestuin aanleggen is eenvoudiger dan je denkt. Het voorbereiden van de grond is het lastigste karwei. Als de ligging goed is en de grond van een goede kwaliteit, is de kans groot dat de oogst overvloedig zal zijn.

Moestuin aanleggen

De ligging kiezen

Negen van de tien kweekplanten hebben veel zon nodig, en ze hebben allemaal water nodig om te kunnen leven. Geef daarom de voorkeur aan een zonnige plek, vlak bij een tappunt, of het nu een kraan is of, beter nog, een regenton.

> **Regenton**
> Er zijn tegenwoordig regentonnen te koop die de tuin sieren. In plaats van oude tonnen die onder de dakafvoer werden gezet, zijn er tegenwoordig vaten verkrijgbaar met een mooi design die perfect bij de tuin passen.

Sommige planten kunnen in de schaduw groeien, maar dit zijn er niet veel. Het stukje grond moet gedurende minstens acht uur per dag voor 90% in de zon liggen. Als er geen andere mogelijkheid is dan de moestuin aan te leggen naast een grote boom, kan het snoeien van de boom een oplossing bieden om toch genoeg zon door te laten.

De moestuin

Reken op honderd vierkante meter grond om jaarlijks voor twee personen voldoende groenten te oogsten. Neem een koord en geef daarmee de omtrek aan van de moestuin. Afhankelijk van de omgeving kan de moestuin vierkant of driehoekig zijn, of over meerdere percelen zijn verdeeld. Het is het handigst als de moestuin niet te ver van het huis af ligt.

De grond voorbereiden

Als het stuk grond bedekt is met gras, bedek het dan vanaf de herfst met een dik, plastic zeil. Leg grote keien op het zeil zodat het goed blijft liggen. Gedurende de winter zal het gazon gaan rotten en daarna hoef je alleen nog maar de aarde om te woelen.

Een oude methode is het bedekken van de grond met een dikke laag gecomposteerd struikgewas. In de lente kun je meteen gaan planten. Met de jaren wordt de grond steeds losser en rijker.

De grond voorbereiden

Zodra het weer lente wordt, haal je de keien en het zeil weg. Eronder zal de grond bruin en brokkelig zijn. Werk de grond tweemaal om met een kleine schoffelmachine. Maak meteen een rand van bijvoorbeeld lage houten paaltjes om de ruimte af te bakenen en om te voorkomen dat het gazon in de moestuin gaat groeien.

Hark dan over de omgewerkte grond om grote en kleine plantenwortels en stenen te verwijderen. Vernietig de wortels, leg ze in geen geval op de composthoop, want het is onkruid. Bewaar de stenen: afhankelijk van hun grootte kunnen ze nog dienstdoen als bodembeschermer in de moestuin.

Schoffelmachine
Gebruik liever een schoffelmachine dan een motorploeg. Een schoffelmachine brengt lucht in de grond tot slechts 10 centimeter diepte. Op die manier wordt het bacteriologische evenwicht niet verstoord en kunnen de levende organismen hun werk blijven doen.

De moestuin

De grond van een bestaande moestuin voorbereiden

Onkruid wieden

Als de grond niet bevroren is, verwijder dan het onkruid door de planten met een schop omhoog te tillen. Verwijder de plant met wortel en al, zonder deze door te snijden. Als de wortels gedeeltelijk in de grond blijven zitten, kunnen ze namelijk opnieuw gaan groeien.

De grond vruchtbaar maken

In de lente of de herfst kan er compost worden uitgestrooid. Als de compost zwart en brokkelig is, is hij klaar voor gebruik. Meestal duurt het minstens twee jaar voordat goede compost ontstaat. Bedek met een riek het totale grondoppervlak van de moestuin met een laag van 5 centimeter compost. Zakken natuurlijke compost zijn ook in speciaalzaken verkrijgbaar.

De grond voorbereiden

De bovenste laag van de grond omwerken

Werk na het schoonmaken en het bedekken met compost het totale grondoppervlak om met een schoffelmachine. Herhaal dit om de compost goed met de grond te vermengen. Een zware, kleiachtige grond kun je zowel in de lente als in de herfst met compost bewerken.

> Tussen de compost heb je misschien grote, witte wormen gezien. Dit zijn larven van de goudtor. Laat ze met rust, want deze insecten verwerken groenafval tot brokkelige compost.

Opnieuw opgekomen onkruid verwijderen

Met het mooie weer beginnen de planten weer te groeien... maar ook het onkruid. Verwijder het door de plant met een schop omhoog te wrikken, en verwijder de plant met wortel en al.
Ga met een harkje over de grond om de bovenste laag van lucht te voorzien.

De moestuin

Maak een plan

Gebruik een schrift om op een rijtje te zetten welke groenten je in de moestuin wilt planten. Maak een schets van de inrichting waarbij je voor iedere plantensoort let op een voor die plant geschikte ligging ten opzichte van de zon. Zet planten door elkaar en zet één en dezelfde soort liever verdeeld over verschillende percelen dan allemaal bij elkaar. Zorg ervoor dat je elk jaar wisselbouw toepast.

Geef voorrang aan meerjarige planten: bessenstruiken en kruiden. Zet de bessenstruiken bij voorkeur achteraan tegen de rand of als scheiding tussen planten met heel verschillende geuren. Zet de kruiden verspreid over het gehele perceel. Bijna alle kruiden zijn honinggevende planten: ze trekken bijen aan en zorgen op die manier voor een goede bestuiving van de groenten.

Kruid of onkruid?
Sommige soorten onkruid misstaan niet in de moestuin. De jonge bladeren van de witte ganzenvoet en van de weegbree zijn eetbaar. Klimop kan dienen als afwasmiddel, en brandnetel mag je eigenlijk geen onkruid meer noemen! Soms is het goed om wat 'onkruid' te laten staan en om ongewenste planten zonder pardon uit de grond te trekken.

Het zaaien

De natuur zit mooi in elkaar. Een piepklein zaadje kan uitgroeien tot een metershoge plant! Iedereen kan zaden verzamelen en een tuin aanleggen.
Waar wacht je op?

Zaaimethoden

Afgedekt

Plant vanaf april zaadjes in een broeibak, in rijen of door elkaar. Geef water.

> Een broeibak, ook broeikasje genoemd, is een houten of cementen bak die gewoon op de grond in de tuin staat en een glazen plaat heeft als deksel. Zet de bak uit de wind, in de zon. De weerkaatsing van de zon op het glas is bevorderlijk voor het ontkiemen van de zaden van kwetsbare groenten, zoals meloen en andere komkommerachtigen, die later uitgeplant worden.

In een kist

Zaai groenten die niet goed tegen de kou kunnen, zoals tomaat en aubergine, vanaf maart in een kist of in een bak in de serre. Vul de kist met speciale tuinaarde voor het zaaien. Zaai met behulp van een strooibakje (een plastic bakje met een opening die afstelbaar is, afhankelijk van de grootte van het zaad). Geef water op kamertemperatuur met een gietertje met sproeikop. De kist moet constant warm blijven (20°C) en de tuinaarde goed vochtig.

De moestuin

Op een rij

Zaai in april de groenten in de tuin die niet verplant hoeven te worden, bijvoorbeeld wortelgroenten zoals bieten, wortels, knollen en selderie. Gebruik een strooibakje voor de kleine zaden van de wortel en zaai grotere zaden zoals die van de biet los uit de hand. Gebruik een koord om de rijen aan te geven. Trek voren van 1 centimeter diep. Plant het zaad en bedek het met aarde. Geef water met een gieter met sproeidop. Plaats bij iedere rij een bordje met de naam van het gewas.

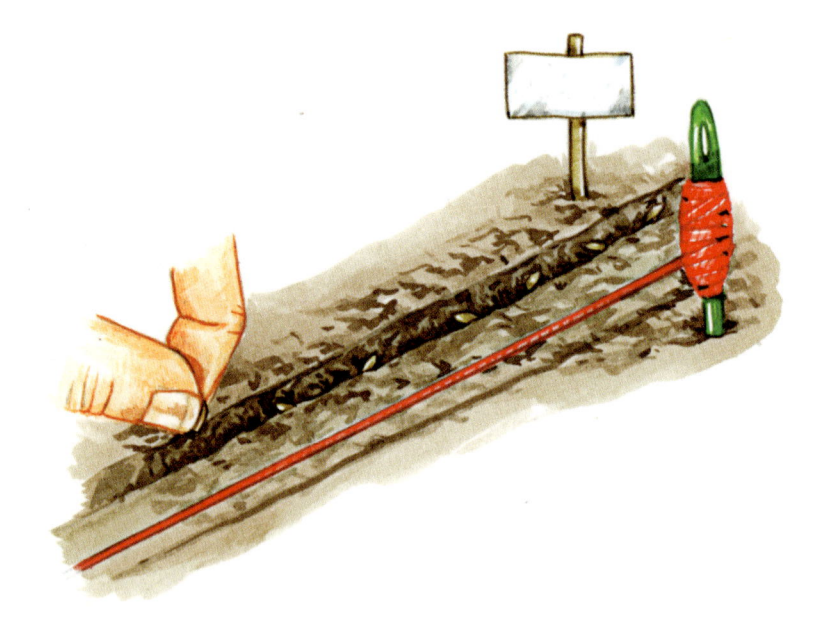

Water geven
Gebruik een gieter met een sproeidop bij het water geven aan zaden. Je kunt ook een douchekop gebruiken die je op de fijnste stand zet. Op die manier blijven de zaden op hun plaats liggen.

Zaad strooien

Baken het perceel in april af met een rand. Strooi fijn zaad van groenten die ter plaatse zullen groeien (wortel, radijs) en die later verplant zullen worden (prei, kool). Laat het zaad uit je vuist vallen door met je arm heen en weer te bewegen. Doe dit als er geen wind staat. Hark daarna de grond om de zaden licht met aarde te bedekken, en geef water.

Het zaaien

Uitdunnen

Eenmaal groot hebben de plantjes genoeg ruimte nodig. Trek, als ze 2 centimeter hoog zijn, de kleinste plantjes die niet genoeg ruimte hebben er tussenuit. Laat 10 centimeter ruimte tussen de plantjes.

In zaaikuiltjes

Plant in april de grote zaden van groenten zoals bonen, tuinbonen en erwten in zaaikuiltjes. Maak een kuiltje van 2 centimeter diep en 2 centimeter breed. Leg twee of drie zaden in het kuiltje en bedek ze met aarde. Laat 30 centimeter ruimte tussen de kuiltjes. Als je meerdere rijen plant, laat dan 50 centimeter ruimte tussen de rijen.

In een zaaikuiltje leg je meerdere zaden om er zeker van te zijn dat er ten minste één zaadje gaat ontkiemen. Vaak ontkiemt er minstens één op de drie zaden niet. En als ze alle drie opkomen, groeit er een mooi vol bosje dat veel vrucht zal dragen.

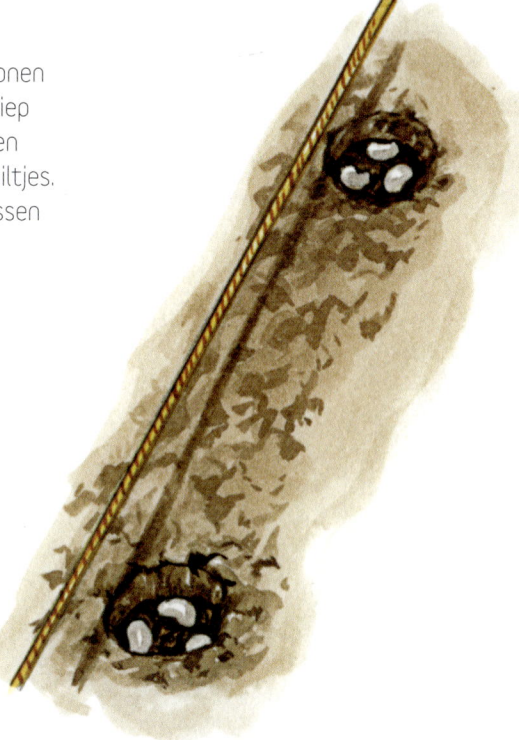

De moestuin

Vroeg zaaien

Voorbereiding

Je kunt groente vanaf februari zaaien, om zo snel mogelijk te kunnen oogsten. Doe dit bij voorkeur bij planten met vruchten of bladeren die niet goed tegen de kou kunnen, zoals tomaat, aubergine en basilicum, en die moeten worden verplant. Vul een bak met speciale tuinaarde voor het zaaien.

Zaaien

Het handigst is het om de fijne zaden strooiend te zaaien, en om maar één soort per bak te zaaien.

Aandrukken

Bedek de bak met 0,5 centimeter speciale tuinaarde voor het zaaien. Druk de aarde met de vlakke hand voorzichtig aan.

Door de tuinaarde aan te drukken, zullen de zaden beter ontkiemen. Door het contact met de aarde kunnen ze gemakkelijker openspringen, groeien en zich hechten.

Het zaaien

Water geven

Geef water met behulp van een gieter met zeer fijne sproeidop. Gebruik water op kamertemperatuur. Besproei de gehele oppervlakte van de bak. Plaats een etiketje met de naam erop van het gewas. Zet de bak in een lichte ruimte waar het ongeveer 20°C is.

Uitdunnen

Ieder plantje heeft voldoende ruimte en licht nodig om te kunnen groeien. Als de jonge scheuten 2 centimeter hoog zijn, trek dan de kleine planten die te weinig ruimte hebben uit de grond.

Uitplanten

Als de plantjes eenmaal drie à vijf blaadjes hebben, is het tijd om ze in bakjes uit te planten. Gebruik bij voorkeur bakjes van turf, die je voor de helft vult met speciale tuinaarde voor het zaaien. Til met behulp van een spatel de plantjes voorzichtig op, waarbij je zo veel mogelijk grond aan de wortels laat zitten. Zet de jonge plant meteen in het bakje en vul het met tuinaarde. Druk voorzichtig aan en geef water.

Uitplanten
Dit is gezond voor iedere jonge plant, die daardoor alle ruimte krijgt om zijn wortelsysteem te ontwikkelen. De wortels halen de voeding en het water uit de grond, die de plant nodig heeft om te kunnen leven. Hoe beter het wortelsysteem is ontwikkeld, hoe groter de kans dat de plant na de verplanting goed zal aanslaan.

De moestuin

Het planten

Het zaad groeit verder, de jonge planten zijn nu groot genoeg om in de moestuin te worden gezet. Na nog wat aandacht, wat water en wat zon zullen de zaadjes uitgroeien tot prachtige planten in alle kleuren.

In de volle grond zetten

Zodra de laatste vorst is verdwenen, kun je de jonge planten in de tuin (of op het balkon) zetten. Het is de laatste keer dat de planten worden uitgeplant, en ze zullen dus definitief hun plek innemen. Ze zullen groeien en hun uiteindelijke omvang bereiken. Raadpleeg je schrift met het tuinschema om de juiste planten bij elkaar te zetten en wisselbouw toe te passen.

Als je in kaarsrechte rijen wilt planten, gebruik dan koord op een klos. Zet de klos in de grond en rol het touw af tot de gewenste lengte is bereikt, en zet daar een paaltje of haring neer waar je het koord aan vastbindt. Herhaal dit voor iedere rij.

Het planten

Uit de pot nemen

Als het bakje van turf is, laat het dan om de plant zitten, want dit lost op in de grond. Plastic bakjes moeten uiteraard worden verwijderd. Pak het plantje tussen wijsvinger en middelvinger vast en houd je handpalm plat tegen de tuinaarde gedrukt. Houd het bakje ondersteboven en verwijder het bakje voorzichtig.

Plastic bakjes recyclen
Gebruik plastic bakjes gedurende meerdere jaren voor het uitplanten. Stapel ze na gebruik op en bewaar ze op een droge plaats.

Omspitten

Werk met een hark de aarde om voordat je de jonge gewassen gaat planten. Het overplanten moet onder de juiste omstandigheden gebeuren, en op deze manier kunnen de wortels gemakkelijker groeien. Losse grond of tuinaarde is hierbij van groot belang.

Om de grond egaal te maken en zo goed mogelijk voor te bereiden, is het aan te raden om te harken. Houd de hark verticaal vast: de tanden moeten parallel lopen met de grond. Hark met kleine, regelmatige bewegingen van voren naar achteren.

De moestuin

Ruimte tussen de planten

Gebruik een stok met de gewenste afmeting om tussen de planten dezelfde ruimte te laten, afhankelijk van de groentesoort. Laat bijvoorbeeld 30 centimeter ruimte tussen basilicumplanten en 50 centimeter tussen tomatenplanten.

Planten

Graaf naast het koord, met een verplantschopje of een spatel, kuilen van anderhalf maal de omvang van het bakje, waarbij je de stok gebruikt om dezelfde ruimten tussen de planten te laten.
Strooi speciale tuinaarde voor het zaaien in de kuilen. Plaats het bakje of de kluit midden in de kuil. Vul op met tuinaarde. Druk de aarde rondom het plantje goed aan.

Water geven

Verwijder het koord. Steek bij iedere rij een bordje in de grond met de naam van de soort erop. Geef overvloedig water. De planten mogen vooral gedurende de eerste maanden geen gebrek hebben aan water, zodat hun wortels goed kunnen groeien. Gebruik bij voorkeur opgevangen regenwater.

Grond bedekken
Door de planten dicht bij elkaar te zetten (ze mogen elkaar raken, maar niet overlappen), wordt de grond bedekt. Zo krijgt onkruid geen zon en groeit veel minder hard. Daarnaast blijft de grond op deze manier vochtig, waardoor je minder vaak water hoeft te geven.

Het onderhoud

In een natuurlijke tuin moet de tuinier altijd alert zijn. Door opmerkzaam te zijn, zie je hoe de planten zich ontwikkelen en kun je sneller inspringen op hun behoeften. Een goed onderhoud zorgt voor een moestuin vol sterke, gezonde planten.

Schoonhouden

Verwijder gele of beschadigde bladeren zodra je ze ziet om de groei van de groenten te bevorderen. Dit kun je gewoon met de hand doen. De bladeren kun je op de composthoop gooien, als ze tenminste geen ziekte hebben.

De grond op biologische wijze vruchtbaar maken

Voeg een maand na het verplanten een bemestingsmiddel toe aan de grond, zodat de planten nog beter kunnen groeien. Er zijn vloeibare bemestingsmiddelen die je aan het water in de gieter moet toevoegen, en vaste bemestingsmiddelen die je rondom de plant kunt strooien. Houd je altijd aan de voorgeschreven dosering op de verpakking, en gebruik alleen middelen die geschikt zijn voor de biologische landbouw.

De moestuin

De bodem beschermen

Leg een bodembedekker rondom de planten zodat het water minder snel uit de grond verdampt. Gebruik in de moestuin hennep- of vlasstrooisel, cacaomulch of boekweitkorrels. Aan het einde van het seizoen worden al deze materialen door de grond opgenomen.

Water geven

Het is belangrijk om op het juiste moment water te geven. Geef in de zomer bij voorkeur 's avonds water. Zo kunnen de planten gedurende de nacht het water absorberen. Geef water aan de voet van de plant zodat het blad niet nat wordt, om verspreiding van ziekten tegen te gaan. Geef vanaf september 's ochtends water vanwege eventuele nachtelijke vorst.

Wees zuinig met water!
De aanleg van een druppelaar bespaart water. De druppelaar kan worden bevestigd aan het wateropvangsysteem.

Het onderhoud

Wees alert!

Schenk gedurende het hele seizoen aandacht aan de gezondheid van de planten. Als een jonge plant gevlekt of gekarteld blad heeft, moet hij goed in de gaten worden gehouden. Verwijder het blad zodra er witte, bruine of zwarte vlekjes op zitten. Gooi deze bladeren niet op de composthoop. Een gekarteld blad duidt op de aanwezigheid van parasieten.

Planten combineren

Zet de juiste combinaties van planten bij elkaar om verspreiding van schadelijke insecten tegen te gaan. Verjaging door geur is nog altijd het beste middel. Insecten gaan voornamelijk af op hun reukzin en maken een duidelijk onderscheid tussen geuren die ze aantrekken en geuren die ze afstoten. Basilicum, munt, tijm, rozemarijn en dille zijn natuurlijke afstotende geuren en dus ideaal voor in de moestuin.

Compost als 'voedingsbodem' voor ziekten
Gooi in geen geval bloeiend onkruid en zieke planten op de composthoop. De composthoop kan veranderen in een voedingsbodem voor ziekten en onkruid. Strooi deze compost nooit uit over de grond, want je kunt de hele moestuin ermee aantasten!

De moestuin

De oogst

Uiteindelijk gaat het in de moestuin om een goede oogst! Door je te houden aan enkele richtlijnen, zul je optimaal kunnen genieten van al die lekkernijen!

Oogst niet alles tegelijk

Oogst geleidelijk aan, want sommige groenten zijn heerlijk als ze nog jong zijn (jonge groenten) en andere zijn op hun lekkerst als ze hun uiteindelijke omvang hebben bereikt.

Zaai door het hele seizoen heen, om langer te kunnen oogsten. Dat geldt voor wortels, bonen, radijs, knollen of sla, die je vanaf april kunt zaaien, en een tweede keer in juni.

Oogst op het juiste moment

Om de vitaminen en sporenelementen die in de groenten zitten optimaal te benutten, moet je oogsten als de groente rijp is. Dat moment hangt van de groentesoort af. Vruchten kun je oogsten als ze hun definitieve omvang hebben bereikt en lekker sappig lijken; bladgroente kun je geleidelijk aan oogsten; wortelgroente zodra het gedeelte dat onder de grond groeit mooi van omvang is. Vruchten moet je op verschillende momenten oogsten, al naargelang de soort. Pompoenen, bijvoorbeeld, worden aan het begin van de herfst geoogst.

De oogst

Een mandje voor de oogst

Gebruik bij het oogsten een mandje, om de groenten gemakkelijk te kunnen dragen. De groenten kunnen er naast elkaar in worden gelegd, zonder ze te beschadigen. Leg de grootste en hardste soorten onderin, en dan pas de zachtere soorten met een kwetsbare schil, en helemaal bovenop de bladgroenten en kruiden.

Prei, aardappel en ui

Sommige groenten, zoals prei, aardappel en ui, moeten meteen nadat ze zijn geoogst nog wat drogen in de zon. Dat komt de smaak ten goede. Je kunt ze gewoon op de grond laten drogen, of ze gedurende een paar dagen in een houten, open krat leggen. Draai de groente van tijd tot tijd om, zodat die aan alle kanten kan drogen.

Groenten bewaren
Als je meer oogst dan je kunt opeten, dan kun je de groente invriezen. Doe dit binnen vijf uur, zodat alle vitaminen en sporenelementen bewaard blijven. Zo geniet je ook tijdens de wintermaanden van je biologische moestuin!

De moestuin

Groente	Zaaien in de volle grond	Oogst
Aardappel	mei	juli (vroegrijp), midden augustus (rijp) of begin september (laat)
Biet	april	augustus
Boon	mei	augustus
Courgette	mei	augustus
Gele ui	maart	juli
Knol	april	juni
Kool	april	augustus
Prei	april	september
Radijs	maart	18 dagen na het zaaien
Reuzenpompoen	april	september/oktober
Sla	april	juni
Tuinboon	februari	juni
Witlof	mei	juli
Wortel	april	juli

Groente	Planten in de volle grond	Oogst
Komkommer	mei	juli
Meloen	mei	augustus
Paprika	mei	juli
Snijbiet	mei	juli
Tomaat	mei	juli
Watermeloen	mei	augustus

De moestuin

Groente	Definitieve omvang	Ligging	Grondsoort	Voordelen	Te combineren met	Pluspunt
Aardappel	30 cm	zonnig	rijk, gedraineerd	knolgewas, bereid	bernagie, vlas, litchitomaat	vele soorten
Andijvie	60 cm	volle zon	rijk, vast	bindsla, rauw of bereid	basilicum, munt	caloriearm
Artisjok	1,5 m	volle zon	diep, koel	blaadjes en hart van de artisjok, bereid	wortel, radijs, sla	zeer mooie blauwe bloemen
Aubergine	1,5 m	volle zon	rijk, licht	de vrucht, bereid, in ratatouille	honing gevende planten	mooie witte ronde soort
Biet	30-60 cm	zonnig	los, koel	wortelgroente met zoete smaak, bereid of rauw	kropsla, ui	heerlijk rauw of geraspt
Bloemkool	30-50 cm	halfschaduw	kleiachtig kalkrijk	bloemtrossen, rauw of bereid	munt, ui, goudsbloem, tomaat	paarse, oranje soort
Bonen	0,4-3 m	zonnig	rijk, diep	peulen, bereid, in salade of als bijgerecht	wortel, afrikaantje, tomaat	eenvoudig te telen
Courgette	80 cm	zonnig	gewoon, gedraineerd	de vrucht, rauw of bereid	bieslook, dahlia, bonenkruid, salie	eetbare bloem
Erwt	0,5-3 m	zonnig	rijk, gedraineerd	de zaden en de jonge peulen, bereid	afrikaantje, tijm	mooie bloemen
Kabuiskool	30-60 cm	volle zon	rijk, gedraineerd	het blad, rauw of bereid	munt, ui, goudsbloem, tomaat	soort met blauwachtige bol
Knoflook	30-90 cm	volle zon	neutraal	teentjes met uitgesproken smaak, rauw of bereid	aardbei, kropsla, aardappel, radijs, tomaat	energierijk
Knol	20-40 cm	halfschaduw	kleiachtig, koel	wortel en jong blad, rauw of bereid	bernagie, munt	caloriearm
Knolselderie	40-50 cm	zonnig	rijk, koel	wortelgroente met uitgesproken smaak, in remouladesaus, bereid	prei, tomaat	soort met zeer grote krop
Komkommer	3 m lang	zonnig	diep	de vrucht, rauw of bereid	bieslook, rozemarijn, tijm	zeer caloriearm

De moestuin

Groente	Definitieve omvang	Ligging	Grondsoort	Voordelen	Te combineren met	Pluspunt
Kropsla	20 cm	zonnig	rijk, koel	het blad, rauw of bereid	knoflook, biet, wortel, sjalot, ui	caloriearm
Krulandijvie	20 cm	zon of halfschaduw	rijk, gedraineerd	het blad, rauw of bereid	knoflook	zeer mooie bloemen
Meloen	2 m	zonnig	rijk, diep	zoete, geurende vrucht, rauw of bereid	bieslook, rozemarijn, tijm	rijk aan vitamine C
Paprika	80 cm	volle zon	rijk, diep	zachte vrucht, rauw of bereid	basilicum, geranium, bonenkruid	rijk aan vitamine C
Pompoen	2 m lang	volle zon	zeer rijk	de vrucht, bereid	bieslook, rozemarijn, tijm	bodembedekker
Prei	40 cm	zonnig	rijk, koel	de stengel, bereid; jonge prei, rauw	wortel, aardbei, peterselie, tomaat	reuzensoort
Reuzenpompoen	3 m lang	zonnig	rijk, gedraineerd	de vrucht, bereid	bieslook, rozemarijn, tijm	bodembedekkende plant
Rodekool	20-30 cm	volle zon	rijk, diep	het blad, rauw of bereid	munt, ui, goudsbloem, tomaat	dieprode soort
Roze radijs	15 cm	zonnig	rijk, los	wortel en jong blad, rauw	knoflook, wortel, bonen, peterselie, tomaat	zeer eenvoudig te telen
Sjalot	20-40 cm	zonnig, tegen de wind beschut	licht, zandachtig	bollen met uitgesproken smaak, rauw of bereid	wortel	je kunt het blad gebruiken
Spinazie	30 cm	halfschaduw	rijk, vochtig	het blad, rauw of bereid	bernagie, afrikaantje	zijn broertje: aardbeispinazie
Spruitje	1 m	volle zon	rijk, koel	kleine zoete kolen, bereid of rauw	munt, ui, goudsbloem, tomaat	mooie plant
Tomaat	1 m	volle zon	rijk, drainerend	de vrucht, rauw of bereid	knoflook, asperge, wortel, selderie, kool, bonen, ui, peterselie, prei	mooie soorten in diverse kleuren en vormen, gestreept, enzovoort

De moestuin

Groente	Definitieve omvang	Ligging	Grondsoort	Voordelen	Te combineren met	Pluspunt
Ui	1 m	volle zon	licht, gedraineerd	bol met uitgesproken smaak, rauw of bereid	wortel, kool, sla, tomaat	mooie bloemen
Veldsla	10 cm	halfschaduw	rijk, gedraineerd	kleine zoete bladeren, rauw of bereid	bieslook	caloriearm
Wortel	30 cm	zonnig	rijk, gedraineerd	wortelgroente, rauw of bereid	artisjok, sjalot, bonen, sla, ui, prei, radijs, tomaat	zeer eenvoudig te telen

Kruid	Definitieve omvang	Ligging	Grondsoort	Voordelen	Te combineren met	Pluspunt
Basilicum	30-90 cm	zonnig	rijk, licht	blad en jonge scheuten, rauw of bereid	tomaat	ontstekingsremmend; paarse soort
Bieslook	20 cm	zon of halfschaduw	rijk, gedraineerd	blad en bloemen, rauw of bereid	komkommer, pompoen, courgette, rozenstruik	een afrodisiacum; zeer mooie lila bloemen
Dragon	50-80 cm	zonnig	rijk, licht	blad, rauw of bereid	salie, tijm	antiseptisch
Kervel	30-70 cm	schaduw of halfschaduw	vochtig	blad en jonge takjes, rauw of bereid	dahlia	spijsverteringbevorderend; enorm versterkend
Laurier	10 m	zonnig	licht, gedraineerd	blad en bessen, bereid	rozemarijn	antiseptisch
Munt	3-80 cm	milde zon, halfschaduw	gewoon	blad, rauw of gedroogd	kabuiskool, spruitje, bloemkool, rodekool	opwekkend
Peterselie	30 cm	halfschaduw	rijk, gedraineerd	blad, rauw of bereid	radijs, tomaat	rijk aan vitamine C
Rozemarijn	2 m	zonnig	gewoon	jong blad, rauw, bereid of gedroogd	pompoen, laurier, meloen, reuzenpompoen, tijm	spijsverteringbevorderend
Tijm	30 cm	volle zon	dor, vol keien	blad en bloemen, rauw, bereid of gedroogd	komkommer, pompoen, meloen, reuzenpompoen, rozemarijn	spijsverteringbevorderend

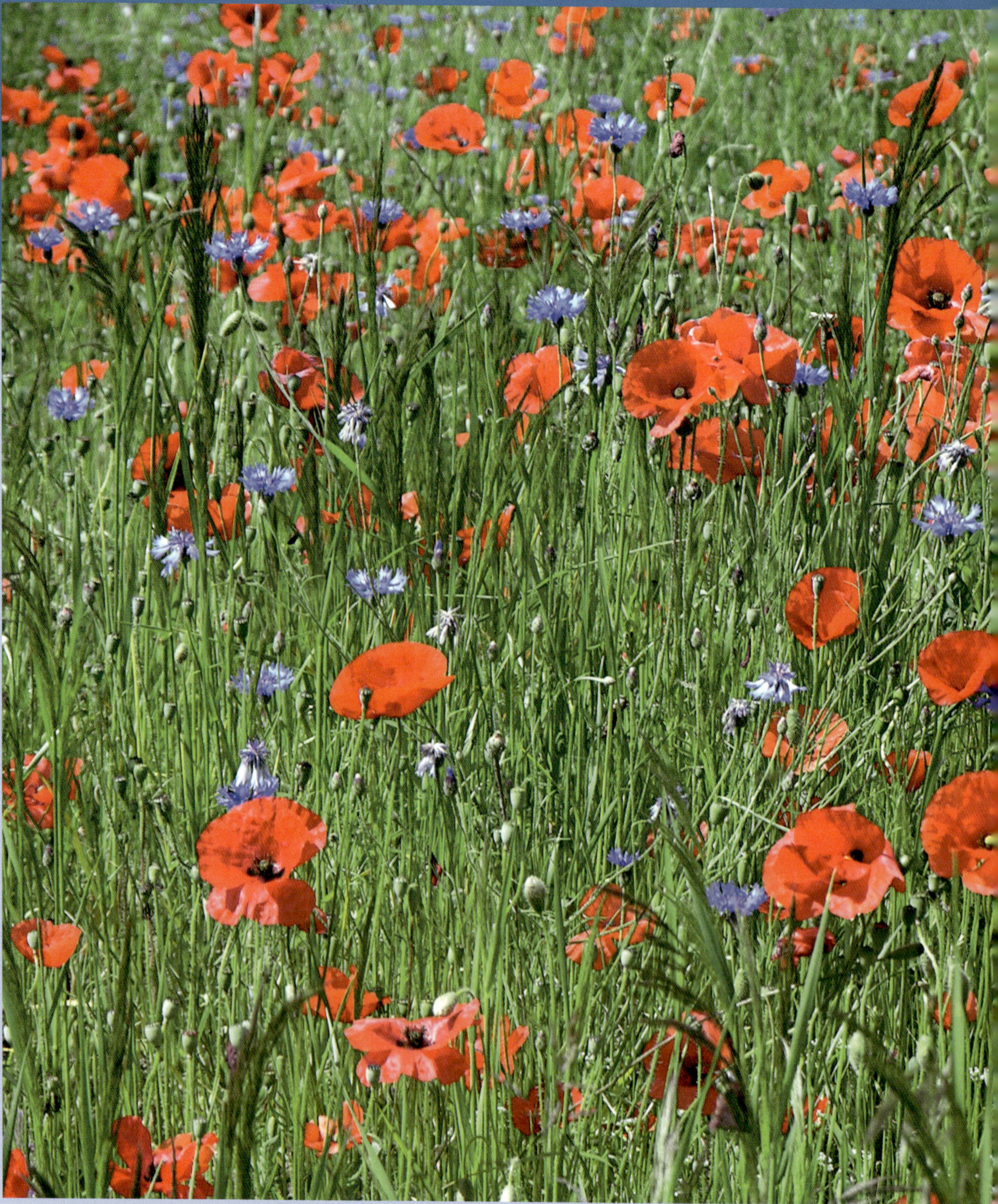

Het bloemen-veld

Het bloemenveld heeft nog niet zo lang geleden zijn intrede gedaan in tuinen en groenvoorzieningen, maar is bezig aan een ware opmars. Een bloemenveld verenigt verschillende voordelen in zich en haalt herinneringen boven uit onze kindertijd op het platteland. Wat een plezier dat er steeds meer bloemenvelden zijn... laten we ervan genieten!

De tuinier heeft de keuze uit verschillende planten, waarvan sommige eenjarig zijn. Planten als het afrikaantje, de goudsbloem en Oost-Indische kers leven maar één seizoen. Je zaait ze in de lente, ze leven en bloeien gedurende de hele zomer en brengen zaad voort als de bloem is verwelkt. De bloemen bevriezen bij de eerste vorst, in de herfst. De zaden verspreiden zich over het veld en zorgen de lente daarop voor nieuwe planten. Margriet, lupine, ridderspoor, guldenroede... De winterharde planten kunnen meerdere jaren leven. Zelfs als het gedeelte van de plant dat zich boven de grond bevindt in de winter doodgaat en uitdroogt, de wortels blijven in leven en zorgen in de volgende lente voor nieuwe scheuten.
De planten bloeien afhankelijk van het seizoen. De steel kan groot en ieder jaar dikker worden.

In een bloemenveld kun je deze twee plantensoorten met elkaar vermengen: eenjarige en meerjarige planten. De eenjarige planten dragen meestal veel meer bloemen, maar de meerjarige planten hebben het voordeel dat ze ieder jaar opnieuw groeien en bloeien. Door de twee soorten met elkaar te vermengen, profiteer je van al deze voordelen.

Het bloemenveld

Een ecologische omgeving

Biodiversiteit

Een bloemenveld is een heerlijke plek voor de vogels, insecten en kleine zoogdieren die zo belangrijk zijn voor onze tuinen. Als men het over de fauna heeft, bestaat de neiging om in de eerste plaats te denken aan roofdieren en parasieten. Maar de natuur zit goed in elkaar: een roofdier heeft zelf ook weer een vijand, en zo blijft alles in evenwicht. Bloemenvelden helpen de onmisbare biodiversiteit te waarborgen.

> **Goudoog en schildluis**
> Schildluizen zijn gevaarlijk voor planten, omdat ze hun sap opzuigen. Vaak werden bestrijdingsmiddelen ingezet om van ze af te komen, maar er is ook een natuurlijk middel: de goudoog! De larve van de goudoog eet bladluizen en als hij eenmaal volgroeid is, eet hij stuifmeel van bloemen. Als er een bloemenveld in de buurt is, zullen deze nuttige insecten nooit ver weg zijn!

Schoonheid en kracht

Wie is er nooit in vervoering gebracht door een bloemenveld? In de tuin leggen we met veel moeite bloemperken aan die vervolgens heel veel onderhoud vergen. Een bloemenveld is een bloemperk dat zich uitstrekt zo ver het oog reikt, en dat uit zeer krachtige planten bestaat.

Een ecologische omgeving

Maaien is niet nodig

Als je een deel van het gazon achter in de tuin tot bloemenveld maakt, kun je dat deel van de tuin voortaan overslaan met de grasmaaier. De bloemen blijven het hele seizoen mooi, je hoeft ze alleen maar te verwijderen aan het einde van de winter. Het niet meer wekelijks hoeven maaien, bespaart heel wat energie, tijd en geld!

> De planten in een bloemenveld hebben niet veel nodig. Ze hoeven niet te worden bemest om te kunnen groeien, zelfs niet op schrale grond.

Onderhoud

Een bloemenveld heeft weinig onderhoud nodig: de grond voorbereiden, zaaien en wachten maar! Meer is er niet nodig om een heel seizoen van een bloemenveld te genieten. Gedurende de bloeitijd, die twee maanden na het zaaien begint en tot aan de herfst duurt, hoef je er niets aan te doen. Zelfs geen water te geven!

Boeketten samenstellen

Het is zonde om de bloemen uit een bloemenperk te plukken... maar met een bloemenveld heb je elke week een verse bos bloemen in huis! Loop echter niet steeds naar het midden van het veld, want dan zou je de andere planten vertrappen, en knip de bloemen onderaan af zodat je de wortels er niet uittrekt. Door zorgvuldig met de planten om te gaan, zullen er steeds weer nieuwe bloemen komen.

> **Bloemen mooi houden**
> Eenmaal in een vaas is het niet altijd gemakkelijk om de bloemen lang mooi te houden. Ververs het water een- à tweemaal per week. Snijd dan meteen nog een stukje van de stengel af, want de uiteinden kunnen gaan dichten, waardoor de steel geen water meer kan opnemen.

Het bloemenveld

Een bloemenveld aanleggen

Een beetje voorbereiding is wel nodig om de hele zomer te kunnen genieten van een veld vol bloemen. Een minimum aan werk voor een maximum aan bloemen! Dat is toch niet gek voor een resultaat dat alle verwachtingen zal overtreffen!

Kleine oppervlakte

Het verwijderen van het gras, zonder het gebruik van chemische middelen, is heel eenvoudig. Als het grondoppervlak maar klein is, leg je in de herfst een zeil over de in te zaaien grond, dat je goed vastmaakt. Door het gebrek aan zonlicht zullen de planten in de winter niet kunnen leven. Alle planten zullen doodgaan en je hoeft daarna alleen nog maar de grond om te werken.

Grote oppervlakte

Als je de beschikking hebt over een groot stuk grond, werk de grond dan om. Ga in de herfst met de schoffelmachine over het van tevoren kort gemaaide gras. De eerste keer zorgt voor het omwerken van de grond. De tweede en derde keer gaan de kluiten stuk en worden de grootste wortels van onkruid uit de grond getrokken. Werk de grond aan het einde van de winter nog een keer om. Door op deze manier te werk te gaan, heb je geen chemische onkruidverdelgers nodig.

Schoffelmachine
Maak niet al te vaak gebruik van de schoffelmachine, ook al is het handig voor de grotere oppervlakten. Als de grond los is, gebruik dan handgereedschap zoals een woelvork. Het is niet nodig de grond erg diep om te werken voor het gewenste resultaat.

Een bloemenveld aanleggen

Verwijder al het plantenafval en zo veel mogelijk wortels met een harkje of wiedhaak. Gebruik indien nodig de schop voor de grotere plantjes. Het afval kan meteen op de composthoop, behalve het onkruid dat in bloei staat.

Hark

Als de grond helemaal kaal is, kun je er nog overheen harken om de laatste stenen en het kleinste afval te verwijderen, zodat de grond mooi egaal wordt. Daarna kan er gezaaid worden.

Het bloemenveld

Het inzaaien

Bij ieder stuk grond en bij ieder gebruik past een ander veldbloemenmengsel. Neem de tijd om het mengsel te kiezen dat het best bij jouw wensen past. Er is veel aanbod in de winkel, en je kunt kiezen uit kleine of grote planten, kleurrijk of niet, winterhard of eenjarig.

Zaaien

De zakjes zaad zijn bedoeld voor een bepaald aantal vierkante meters. Reken op ongeveer een zaadkorrel per vierkante centimeter. Meer zaad gebruiken heeft geen zin. Zaai uit de hand of met behulp van een zaadstrooier met de juiste opening. Zaai eerst in de lengte en dan nog een keer in de breedte om het zaad goed over de grond te verdelen.

Harken

Om te voorkomen dat vogels de zaden oppikken, kun je de zaden met een laagje aarde bedekken door eroverheen te harken. Bovendien zullen ze zo sneller ontkiemen.

Het inzaaien

Gazonroller

Ga met een gazonroller over de grond om de zaden beter in contact te krijgen met de aarde. Zorg ervoor dat de roller goed van ballast is voorzien, want hij moet zwaar genoeg zijn om de grond flink aan te drukken. De grond is nu gereed, en de eerste bloemen kun je over gemiddeld twee maanden verwachten.

Water geven

Het is niet noodzakelijk om een bloemenveld te besproeien. De zaden uit het mengsel zijn sterk genoeg en kunnen enkele dagen zonder water. Maar als je beschikt over een wateropvangsysteem, kun je de droogste delen water geven. Op deze manier hoeft het zaad de lentebuien niet af te wachten en zal het wat sneller ontkiemen.

Het bloemenveld

Het onderhoud

De bloemenvelden vergen tijdens de bloeiperiode maar weinig onderhoud. Hooguit is er wat onkruid te wieden, waardoor je optimaal kunt genieten van een veld vol bloemen die jaar in jaar uit zullen bloeien, en een lust zijn voor het oog.

Tijdens de bloeiperiode

Onkruid wieden

Verwijder, zodra de planten beginnen te groeien, het onkruid dat het meest in het oog springt, en probeer daarbij het veld niet te vertrappen. Distel, brandnetel, paardenbloem en winde zijn misschien aan de schoffelmachine ontkomen, en het verdient de voorkeur om ze te verwijderen om te voorkomen dat dit onkruid gaat bloeien en woekeren.

Beschermen

Huisdieren vinden zo'n wild stukje natuur met losse grond waarin je heerlijk kunt wroeten maar wát interessant. Bescherm het ingezaaide veld met bijvoorbeeld een hekje, om je huisvrienden weg te houden en schade in het ingezaaide veld te beperken.

Het onderhoud

Zaden verzamelen

De verwelkte bloemen brengen zaad voort dat je kunt verzamelen voor het daaropvolgende jaar. Doe ze per soort in enveloppen zodra ze rijp zijn, schrijf de namen van het zaad op de envelop en bewaar ze in het donker.

Jaarplanten

Korten

Bij de eerste vorst gaat het bloemenveld dood en moet het worden gekort. Maai de stengels op ongeveer 10 centimeter met een grasmaaier of een ontginningsmaaier. Doe dit bij droog weer, zodat je de planten niet beschadigt.

Maaien

Gebruik een mulchmaaier met of zonder opvangbak, om het groenafval zoals de takjes en de bloemen die zijn blijven liggen te vermalen, waardoor de zaden openbarsten en ze zich over de grond verspreiden. Zo is het zaaigoed klaar voor het daaropvolgende voorjaar.

> **Mulchmaaier**
> Sommige grasmaaiers zijn uitgerust met een mogelijkheid tot mulchen. Hierdoor wordt het maaiafval gereduceerd door het in heel kleine stukjes te vermalen. Het mulchen van maaiafval in een bloemenveld zorgt voor de verspreiding van zaden die in de bloemen zijn blijven zitten.

Het bloemenveld

Takjes oprapen en composteren

Raap alle takjes op met een grashark. De grond kan nu schoon de winter in, en het enige wat je verder hoeft te doen is het eventuele onkruid eruit trekken.

Als je de takjes bijeen hebt geharkt, kun je het afval op de composthoop gooien.

De grond omwerken

Werk de grond van een bloemenveld met eenjarige planten aan het einde van de winter, in maart, voorzichtig om. Gebruik voor grote oppervlakten een kleine schoffelmachine, en anders een woelvork, om lucht in de grond te brengen. Verwijder meteen het onkruid dat er al staat, zoals paardenbloem en hondengras.

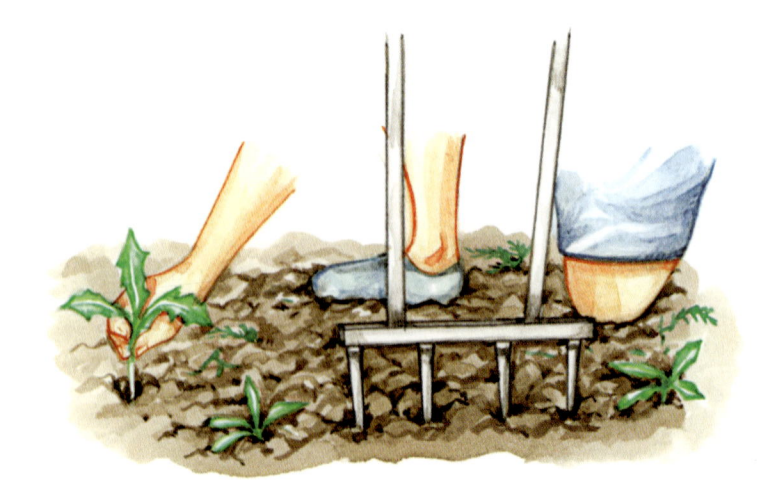

Het onderhoud

Zaaien

Als er in het veld met eenjarige planten het jaar daarvoor niet genoeg bloemen stonden, voeg dan voor de zekerheid wat extra zaad toe. Zaai na 15 april, om er zeker van te zijn dat de jonge scheuten niet meer bevriezen.

Kies voor biologisch bloemzaad. Als je de bloemen wilt eten, is dit zelfs noodzakelijk.

Gazonroller

Gebruik de gazonroller om de zaden goed met de grond in contact te brengen. De lentebuien doen de rest, en het terrein is klaar voor een nieuw bloeiseizoen. Bewerk de grond ieder jaar opnieuw op dezelfde manier.

Het bloemenveld

Meerjarige planten

Korten

Meerjarige planten kunnen stevige stengels ontwikkelen. Kort het terrein aan het einde van het bloeiseizoen met behulp van een zeis of een ontginningsmaaier tot 10 centimeter hoogte. Doe dit indien mogelijk bij droog weer, om de planten niet te beschadigen.

Maaien

Maai het gras en zet de grasmaaier indien mogelijk in de mulchingstand. Anders neem je gewoon de bak onder de maaier vandaan. De grasmaaier vermaalt de takjes en verspreidt de zaden die in de uitgebloeide bloemen zijn blijven zitten.

Afval oprapen en composteren

Hark met een tuinhark het maaiafval bijeen en gooi het op de composthoop. Het overjarige bloemenveld is nu klaar voor het voorjaar.

> Verwijder het grote onkruid met de hand voordat het afval wordt vermalen, zodat de compost geen voedingsbodem wordt voor onkruid!

Het bloemenveld

Mengsel	Hoogte in volgroeide staat	Ligging	Grondsoort	Voordelen	Te vermengen met	Pluspunt
Honingbloemen	60-70 cm	zonnig	gewoon, licht	trekt bijen aan voor een betere bestuiving van de tuin	bernagie, centaurie, clarkia, gaillardia, rudbeckia	mooie blauwe tinten
Om vlinders aan te trekken	60-70 cm	zonnig	gewoon, licht	trekt vlinders, bestuivende insecten, aan	cosmea, atlasbloem, boekweit, zinnia	mooi kleurrijk veld
Kleuren	80 cm	zonnig	gewoon, licht	bevordert de biodiversiteit en brengt kleur in de tuin	klaproos, gipskruid, strobloem, slaapmutsje, zonnebloem	mooie boeketten
Laag veld	20-40 cm	zonnig	gewoon, licht	voorkomt onkruid rondom de boomstam	damastbloem, slaapmutsje, goudsbloem, witte krodde	origineel in de boomgaard
Om lieveheersbeestjes aan te trekken	40-60 cm	zonnig	gewoon, licht	een larve eet tussen 100 en 150 bladluizen per dag	vlas, rolklaver	de lieveheersbeestjes blijven in de tuin
Aan de randen	20-40 cm	zonnig	gewoon, licht	minder onkruid aan de randen	schildzaad, dagschone, satijnbloem, vlas, zinnia	mooie kleurrijke randen
Om vogels aan te trekken	50-80 cm	zonnig	gewoon, licht	trekt vogels aan, geweldige insectenverdelgers	schildzaad, vlas, afrikaantje, goudsbloem, zonnebloem	mooi kleurrijk veld
Tegen bladluis op rozenstruiken	60-80 cm	zonnig	gewoon, licht	verjaagt bladluis van rozenstruiken	mosterdplant, facelia, boekweit, klaver	landelijke uitstraling
Tegen bladluis in de moestuin	60-80 cm	zonnig	gewoon, licht	verjaagt bladluis uit de moestuin	luzerne, boekweit, klaver	siert de moestuin
Bloeiende groenbemesting	60-80 cm	zonnig	gewoon, licht	om aan het einde van het seizoen te planten als bemestingsmiddel	raaigras, luzerne, facelia, boekweit	gunstige invloed op wisselbouw

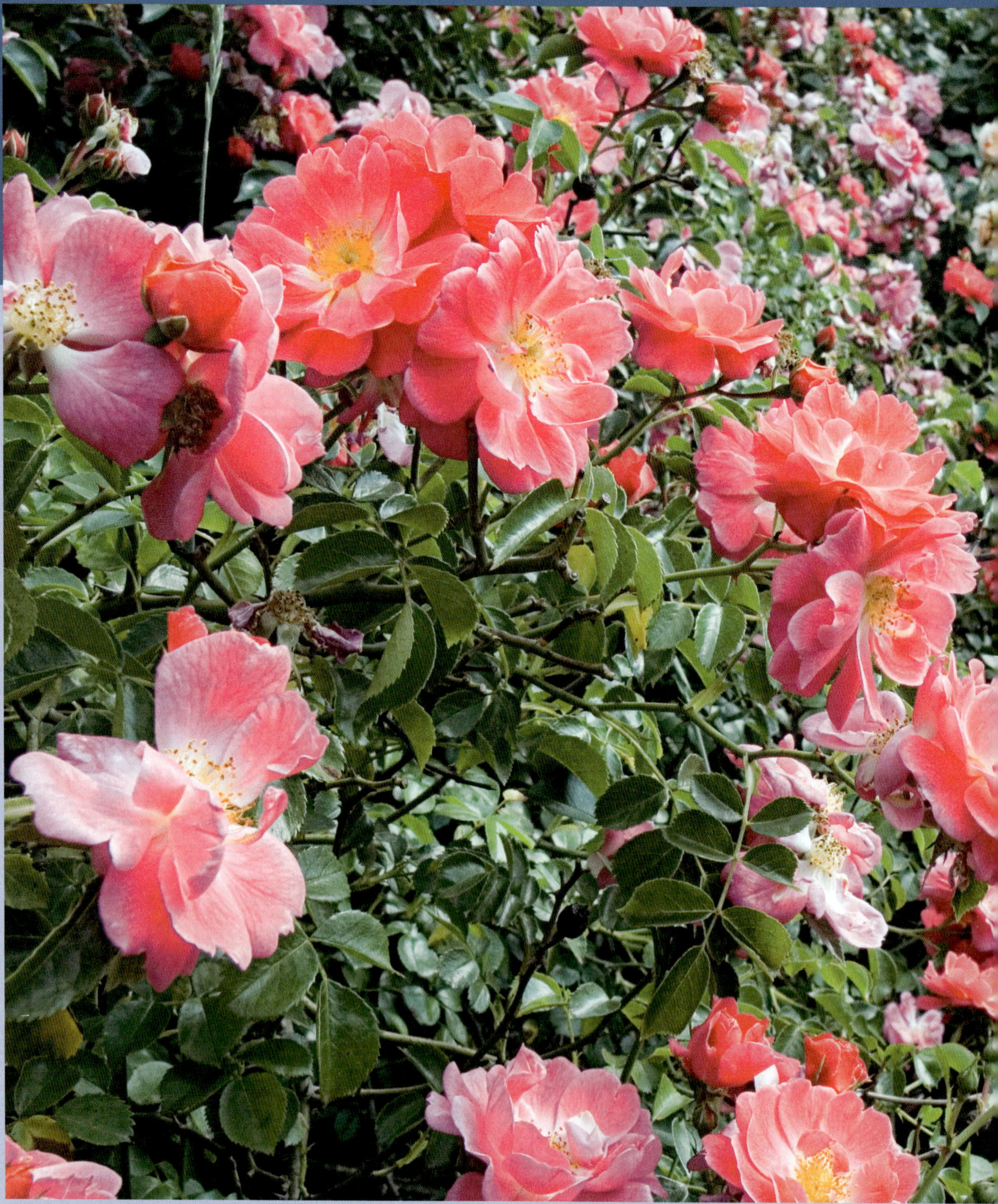

Rozenstruiken

De roos is bij de mens bekend sinds lang vervlogen tijden. De kruistochten brachten enkele oude soorten rozen hier naartoe. Die rozenstruiken zijn vooral bekend en geliefd om de weelderige vormen en de duizend-en-één blaadjes die de bloem vormen en die doen denken aan ritselende zomerjurken.

De oude soorten geven zeer veel bloemen en zijn erg buigzaam, ze bloeien overvloedig maar gedurende een zeer korte tijd, want ze kennen geen herbloei. Een andere grote troef van die rozenstruiken is natuurlijk de geur: die is subtiel of sterk en brengt je in vervoering. Ontdekkingsreizen naar het Verre Oosten hebben nieuwe soorten naar Europa gebracht. De geschiedenis van de moderne roos voert ons terug naar de achttiende eeuw. Toen hebben enkele beroemde rozenkwekers het merendeel van de rozenfamilies gekweekt die we vandaag de dag kennen. Door het geleidelijk kruisen van stuifmeel werden de rozenstruiken steeds mooier en sterker. Ook kweekten zij rozen in verschillende kleuren en met volmaakte vormen.

Dankzij dat werk kan men vandaag de dag alle soorten rozenstruiken bewonderen in tuinen: de klimroos, grootbloemige struiken, trosrozen, de stamroos, de treurroos, bodembedekkers, kleine roosjes en heesterrozen... Ze verfraaien allemaal stukken grond, het balkon en het terras. Geurend of niet, eenkleurig of meerkleurig, een oudere soort of een eenvoudige, de rozenstruik van jouw dromen bestaat beslist!

Rozenstruiken

Duizend-en-één toepassingen

Wat is er al niet geschreven over rozen! Het is de lievelingsbloem van velen, want het merendeel van de mensen heeft thuis minstens één rozenstruik. De roos beschikt over de troeven schoonheid en originaliteit, en is er in vele kleuren en vormen. De roos staat symbool voor liefde, en voor vurige hartstocht als de blaadjes fluwelig rood zijn.

Een bos rozen, voor jezelf of om iemand te verrassen

Wat is het heerlijk om in de tuin je eigen bos rozen te kunnen plukken! Zo haal je de bloemenpracht in huis, waar ze het interieur verfraaien. Neem bloemen die nog in knop zijn, om langer te kunnen genieten van het ontluiken in de vaas. Maak boeketten van een oneven aantal takken voor een mooier, harmonieuzer effect.

Rozengeur

Afhankelijk van de soort geuren rozen in meerdere of in mindere mate. Deze informatie staat ook op het etiket in de winkel. Aarzel niet om te kiezen voor de geurige soorten! Of het nu een lichte geur is of een zwaardere, een frisse of een zoete, een bloemengeur of een houtgeur, er is altijd wel een geur die bij je past. Je kunt ook meerdere geurende rozenstruiken op enige afstand van elkaar planten, om de tuin te voorzien van nog meer heerlijke geuren!

Duizend-en-één toepassingen

Een rozenstruik voor iedere tuin

Dankzij de vele verschillende vormen kun je een rozenstruik kiezen die bij de tuin past. In structuurtuinen zijn de stamroos en de treurroos een goede keuze. In landelijke tuinen passen de klimroos en de rozenhaag uitstekend. De bodembedekkende rozenstruik en de heesterroos zijn ideaal voor kleinere oppervlakten. De stamroos kan in pot op het terras worden gezet, naast de ligstoelen. De klimroos siert de deur voor een geurend onthaal! De rozenhaag bij het gereedschapsschuurtje, de heesterroos vlak bij het zwembad... zo laat iedere rozenstruik zich van zijn beste kant zien. Maar wat let je om de soorten naar eigen inzicht te plaatsen? De tuin is immers jouw plekje, waar jij het voor het zeggen hebt!

Rozenbottel: om jam van te maken

Een rozenstruik bloeit om zich voort te planten. Eerst komt de bloem, dan de vrucht die het zaad bevat. Van de vrucht, de rozenbottel, kun je de heerlijkste marmelade maken, zacht en smeuïg naar behoefte. Van de rozenblaadjes kun je jam maken voor op brood bij het ontbijt of als tussendoortje!

Rozenhaag als afscheiding

Een afscheiding van rozenstruiken zal heel wat mensen blij maken! In de eerste plaats jezelf, want je kunt genieten van de bloemen, van de geuren en van de rust. De buren eveneens, om dezelfde redenen. En de vogels, omdat die hun nest midden in de struik zullen maken, er beschutting zullen vinden tegen de wind, er hun jongen zullen beschermen en van de vruchten zullen smullen. De biodiversiteit en het tuinleven zijn een groot goed!

Rozenstruiken

De voorbereiding

Dit is een essentiële stap! Het voorbereiden van de rozenstruik voordat hij de grond ingaat, garandeert een goede gezondheid. Volg de stappen zodat de plant goed zal aarden, en sterk zal zijn.

Met naakte wortels

Wortels snoeien

De wortelsnoei is geen flinke snoeibeurt, maar meer een lichte opknapbeurt. Gebruik hiervoor een snoeischaar, die je van tevoren ontsmet met alcohol. Bij het rooien zijn sommige wortels doorgesneden of missen ze een gedeelte van de schors. De wortels moeten dan worden opgefrist door ze licht schuin af te knippen. Behoud daarbij zo veel mogelijk haarwortels, want deze fijne wortelvertakkingen spelen een belangrijke rol bij het opnemen van voedsel van de plant.

Snoeien

Snoei de vijf hoofdtakken op ongeveer 20 centimeter hoogte. Hiervoor bestaat een handig hulpmiddel: 20 centimeter, dat is de lengte van je snoeischaar!

De voorbereiding

Worteldip

De planten met naakte wortels moeten in worteldip worden gedompeld om de wortels van een beschermlaagje te voorzien zodat de plant beter zal aarden. Vul een emmer voor de helft met grond uit de tuin en voor de andere helft met water. Roer totdat een gladde substantie ontstaat. Dompel de wortels van de plant in de emmer en beweeg de plant heen en weer, zodat alle wortels bedekt zijn. In speciaalzaken zijn mengsels te koop die gebruiksklaar zijn, waaraan je alleen nog maar water hoeft toe te voegen.

> Rozenstruiken met naakte wortels worden verkocht zonder bakje of kluit van aarde om de wortels. Ze zijn alleen te koop tijdens de rustperiode van de plant. Die periode loopt van november (het begin van de winter) tot maart (het begin van de lente). Buiten deze periode is het niet raadzaam om de plant met naakte wortels te laten, want de plant, die volop aan het groeien is, kan dan wegkwijnen.

In een plastic pot

Onderdompelen in water

Vul een grote teil, anderhalf keer zo breed en zo diep als de pot waarin de plant zit, met water. Dompel de plant met pot en al onder, totdat hij een centimeter onder water staat. Houd de kluit onder water zo lang er luchtbelletjes naar de oppervlakte komen. Neem de plant als er geen luchtbelletjes meer zijn uit de teil en laat hem op de grond uitlekken.

Rozenstruiken

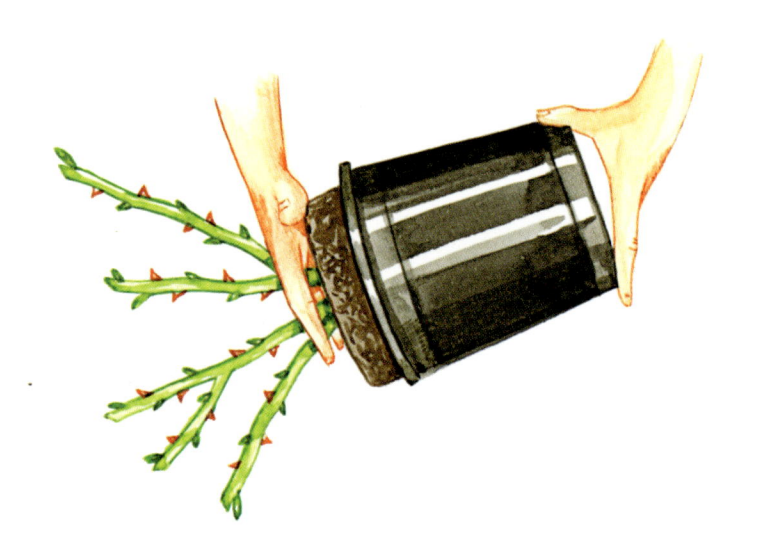

Verpotten

Om de rozenstruik te verpotten, leg je je handpalm vlak op de grond in de pot, waarbij je de stengel van de plant tussen wijs- en middelvinger houdt. Draai de pot om en verwijder hem voorzichtig. Als dit niet meteen lukt, houd de plant dan horizontaal en trek een paar keer kort aan de plant, waarbij je de pot met je andere hand aan de achterkant vasthoudt.

Krabben

Door met een harkje over de wortels te krabben, breng je lucht in de bovenste laag wortels. Dit is nodig om lucht te brengen in het wortelsysteem, en om te voorkomen dat de wortels op een hoop bijeen blijven zitten waardoor ze om elkaar heen gaan groeien en uiteindelijk stikken.

Planten in een pot kunnen het hele jaar door worden geplant zonder rekening te houden met de rustperiode. Plant echter bij voorkeur niet wanneer het vriest, als de grond moeilijk te bewerken is, en omdat wortels bij het planten gevoelig zijn voor kou.

Het planten

De rozenstruik is veeleisend, hij heeft een goede plek en goede grond nodig! Dat is niets uitzonderlijks, en als het je lukt om te voorzien in de behoeften van de plant, zal hij zijn dankbaarheid gedurende vele jaren tonen!

De rozenstruik in pot of met naakte wortels

De kuil

Kies een zonnige plek. Graaf een kuil die vijfmaal groter is dan de omvang van de pot waarin de plant zit. Werk de grond om zodat de wortels zich goed kunnen ontwikkelen. Draineer het terrein door op de bodem van de kuil een laag grind van 5 centimeter te leggen.

Vermeng de hoop aarde met speciale tuinaarde voor het planten of voor bloemen. Deze natuurlijke, verrijkte aarde levert voedsel en sporenelementen die nodig zijn voor het goed groeien en bloeien van de plant. Vul de kuil voor de helft met dit mengsel van grond en tuinaarde.

Rozenstruiken

Planten

Zet de kluit van de rozenstruik midden in de kuil. Leg een schop dwars over de kuil: de kluit moet de steel raken en zich op dezelfde hoogte bevinden als de grond in de tuin. De ent, dat is het gedeelte van de stengel tussen de tak en de wortels, mag niet onder de grond komen.

Welke aarde voor rozenstruiken?
Welke soort rozenstruik je ook gaat planten (heesterroos, klimroos, stamroos, met hangende takken, bodembedekker…) de grond moet gewoon zijn. De rozenstruik kan zelfs groeien in kalkrijke, kleiachtige en schrale grond. Maar hij kan beslist niet groeien in een zure grond zoals heidegrond (waar hortensia's, rododendrons en andere schaduwplanten groeien).

Vul de lege plekken rondom de kluit van de rozenstruik af met het mengsel van grond met tuinaarde. Druk de aarde met de voeten aan. Voeg indien nodig nog wat van het mengsel grond met tuinaarde toe om de grond egaal te krijgen. Herhaal deze stap zo vaak als nodig is, maar zonder de ent onder de aarde te bedelven.

Het planten

Maak van de rest van het mengsel een dijkje rondom de stam van de rozenstruik met een doorsnede van minstens 20 centimeter. De kom die zo ontstaat, zorgt ervoor dat het (regen)water niet meteen wegstroomt en precies boven de wortels in de grond zakt. Op die manier benut de plant het water zo veel mogelijk.

Water geven

Zelfs al regent het tijdens het planten, geef de plant een volle gieter water, zodat de wortels goed contact maken met de aarde en de plant dus beter zal kunnen aarden. Een gieter van 10 liter is voldoende.

De rozenstruik moet meteen na het planten overvloedig water krijgen. Vervolgens, gedurende het eerste jaar, mag hij nooit een gebrek aan water hebben. Gedurende deze periode ontwikkelt het wortelsysteem zich om te kunnen leven. Gebruik opgevangen regenwater om in de grote waterbehoefte te voorzien.

Rozenstruiken

Klimrozen planten

Ligging

Klimrozen hebben rechte takken en vaak alleenstaande bloemen. Rozenranken hebben buigzame, lange stengels en trossen bloemen. Beide moeten geleid en bevestigd worden om te kunnen blijven staan en niet over de grond te hangen. Plant ze op een plek in de zon, want anders zullen er geen rozen bloeien.

Houd bij het planten rekening met de uiteindelijk te bereiken hoogte. De omvang in volgroeide staat is weergegeven op het etiket. Het zou jammer zijn om de rozenstruik flink te moeten snoeien bij gebrek aan ruimte, inclusief de potentiële bloemen.

Vastzetten

De klimroos kan worden bevestigd aan een spalier langs een te verbergen muur, aan een pergola om het terras te verfraaien, aan een ijzeren boog bij een laantje, aan een afrastering om een ontsierend hoekje aan het oog te onttrekken... Denk gedurende heel het seizoen aan een goede bevestiging van de roos, afhankelijk van de scheuten, met bijvoorbeeld draad.

> **Wel of niet herbloeiend?**
> Dit heeft betrekking op het plantensap, dat al dan niet weer naar boven stroomt. Een rozenstruik met herbloei kent twee bloeiperioden, van mei tot de eerste vorst. Een rozenstruik zonder herbloei kent maar één bloeiperiode, tussen mei en juli. Deze informatie staat bij aankoop op het etiket.

Het planten

Stam- en treurrozen planten

De ligging

De stamroos draagt de bloemen als een krans naar de hemel. Er is de stamroos en de roos op halfstam. Deze laatste soort, met kortere stam, geeft een prachtig resultaat, want de rozen groeien op ooghoogte. Plaats de stamroos onder aan een verhoogd terras voor het mooiste resultaat.

Treurrozen zijn vaak indrukwekkend en dragen de bloemen als een krans richting de grond. Houd bij het kiezen van de rozenstruik rekening met de afmetingen van je tuin of terras.

Rozenstuiken

Alleenstaand zijn deze planten een echte blikvanger en ze geven de tuin karakter. In een pot sieren ze zowel het terras als het balkon.

Opbinden

De stamroos heeft een rechte stok nodig (een staak of bamboe) om de stam te ondersteunen. Zet de stok in de grond, op 3 centimeter afstand van de stam, en bevestig de stam met een touwtje aan de stok. Trek het touwtje niet te strak aan, om de plant niet te beschadigen.
De treurroos moet worden ondersteund met een ijzeren geraamte in de vorm van een paraplu. De takken zullen op het ijzer rusten en zich naar de grond buigen.

In een pot
Stamrozen en treurrozen kunnen in een pot worden geplant. Neem een ruime, diepe en stevige pot die het ijzeren geraamte van de treurroos kan dragen. Gebruik speciale tuinaarde voor rozen of bloemen. De plant in een pot is volkomen afhankelijk van de tuinier, zorg er dus voor dat de plant voldoende water krijgt.

Het onderhoud

Ondanks alle voorzorgsmaatregelen kan de rozenstruik te maken krijgen met aantasting van buitenaf, in de vorm van parasieten of ziekten.

Bodem bedekken

Verwijder allereerst het onkruid. Zet de schop op 5 centimeter afstand van het te verwijderen onkruid. Leun op de steel zodat de grond opensplijt en haal het onkruid met de schop naar boven. Verwijder het voorzichtig met zo veel mogelijk van zijn wortels. Als je van plan bent de bodem te bedekken om het licht tegen te houden, kun je een schoffel gebruiken. Met het uiteinde snij je de wortels van de planten doormidden, en je verwijdert het gedeelte van de plant dat boven de grond uitsteekt.

De grond wordt met een doek of zeil helemaal bedekt. Zonder licht zal het onkruid niet meer kunnen groeien. Maak openingen op de plekken waar de rozenstruiken staan, door met een stanleymes twee sneeën te maken in de vorm van een kruis. Spreid het doek uit rondom de rozenstruiken. Druk het plat tegen de grond en bedek de uiteinden met aarde of met stenen zodat de wind er geen vat op kan krijgen. Controleer of de entloten van de rozenstruiken niet bedekt zijn.

Bij het bedekken van de bodem leg je een bepaald materiaal rondom de planten, om ze op drie manieren te beschermen:
– door het terugdringen van het onkruid, zodat de planten alle voeding en al het water tot hun beschikking hebben en om te voorkomen dat ziekten zich verspreiden;
– in strenge winters zorgt de bedekking ervoor dat het een paar graden warmer is, om de wortels te beschermen;
– tijdens perioden van droogte droogt de grond minder snel uit.

Rozenstruiken

Materialen om de bodem te bedekken

Houtwol en **boomschors** zijn een uitstekende bodembeschermer voor rozenstruiken. Beukenschors is de meest geschikte. Je kunt ook houtafval gebruiken (BRF, een afkorting van het Franse *bois raméal fragmenté*, wat zoiets betekent als 'versplinterd hout'): snoeihout uit de tuin, afkomstig van takken met een doorsnede van minder dan 5 centimeter. Stel het fijnmalen af op 7 centimeter dikte.

Hennepstrooisel bestaat uit kleine vlokjes van 1 centimeter lang en 2 millimeter breed. Bedek de grond met een laag van ten minste 7 centimeter dik. Door de regen wordt het een vaste korst die het vocht doeltreffend in de grond houdt. Als de korst na de oogst met de aarde wordt vermengd, is het een zeer goede meststof. In bloemperken blijft het ongeveer vier jaar werkzaam.

Gebruik absoluut geen **dennenschors** en zeedennenschors, zelfs niet als hele kleine stukjes, als bodembescherming voor de rozenstruiken, want ze scheiden zuur af dat de grond uitput.

In het **doek** als bodembeschermer zitten heel kleine gaatjes. Het houdt het licht tegen en voorkomt zo dat er onkruid groeit, maar het laat het (regen)water door, zodat de plant hiervan genoeg kan opnemen. Er zijn ook biologisch afbreekbare doeken.

Grond vruchtbaar maken

In de lente, zodra de bloemknoppen verschijnen, voeg je aan de grond een natuurlijk bemestingsmiddel speciaal voor rozen toe, en herhaal dit in de zomer tijdens de tweede bloei van de herbloeiende rozenstruiken. Houd je aan de voorgeschreven dosering op de verpakking. Te veel mest is schadelijk voor de planten.

Rozenstruiken beschermen

De onbetwiste vijand van de rozenstruik is de bladluis. Doordat de bladluis het plantensap opzuigt, kan hij de plant doden. Zet larven van lieveheersbeestjes op de plant zodra de bladluizen verschijnen, maar niet eerder. Gebruik een kwastje om de larven tussen de bladluizen te zetten.

Natuurlijke insectenverdelger
Het lieveheersbeestje is de beste natuurlijke insectenverdelger. Hij eet gulzig de hele dag door bladluizen: een larve eet er 100-150 per dag. Gebruik geen ander natuurlijk middel tegen insecten, want het lieveheersbeestje is het perfecte natuurlijke middel! De keuze moet worden gemaakt tussen lieveheersbeestjes of een insectenbestrijdingsmiddel. Plaats kasten voor lieveheersbeestjes onder de rozenstruiken om ze te beschermen tegen hun natuurlijke vijanden, zoals vogels, en om ze een schuilplaats te bieden voor hun winterslaap. Zodra het weer lente wordt, kunnen ze meteen de rozenstruiken in om zich te voeden!

Een andere manier om bladluis te bestrijden, is door de juiste planten bij elkaar te zetten. Zet verschillende planten met een geur die bladluizen verjaagt vlak bij de rozenstruiken. Dit kan lavendel zijn, tijm of wijnruit. Bieslook helpt tegen oïdium op rozenstruiken, een schimmelziekte die ook wel 'echte meeldauw' wordt genoemd.

Rozenstruiken

Brandnetelgier, al dan niet zelf bereid (zie blz. 30), is een versterkend middel voor planten. Het belangrijkste effect is de groei van de rozenstruiken te versterken en te stimuleren. Daarnaast is het insectenverdrijvend, het verjaagt bladluizen. Besproei de rozenstruik vanaf de lente met een plantenspuit.

Schoonmaken

Verwijder gedurende het hele bloeiseizoen zieke bladeren van de plant en van de grond. Gooi ze bij het vuilnis, maar beslist niet op de composthoop, want dan kunnen ziekten zich gemakkelijk verspreiden.

ADR-rozen

Het Duitse ADR-predicaat waarborgt de gehardheid van de rozenstruik tot −25°C, zijn volle bloei van mei tot aan de eerste periode van vorst en, vooral, zijn natuurlijke resistentie tegen ziekten. En zoals we inmiddels weten: zonder ziekte is er geen behandeling nodig en bestaat er dus ook geen gevaar voor de gezondheid en bovendien hoef je minder geld te spenderen!

De snoei

De hobbytuinier durft vaak niet te snoeien, omdat hij bang is om de plant te beschadigen. Regelmatig snoeien kan bij de roos allerlei problemen voorkomen, en zorgt voor een nog vollere bloei.

Het snoeien van rozenstruiken en rozen in een bloemenperk

In het bloeiseizoen

Verwijder de verwelkte bloemen gedurende de hele bloeitijd. Plaats de snoeischaar voorzichtig ter hoogte van de verwelkte bloem, laat de tak naar beneden glijden tot aan het eerste obstakel (dit zijn vaak de blaadjes) en knip de bloem er dan in één haal af. Deze manier van snoeien bevordert de groei van toekomstige bloemknoppen.

> Desinfecteer de snoeischaar elke keer voordat je hem gebruikt, en na afloop. Drenk een watje in alcohol en ga ermee over de messen van de snoeischaar. Gebruik elke keer een nieuw watje.

In de herfst

Laat de verwelkte rozen aan het einde van het bloeiseizoen, in september, aan de struik zitten. Na de bloem komt de vrucht. Rozenbottel is heerlijk om jam van te maken, maar laat er ook wat staan voor de vogels, die er dol op zijn. Tijdens de wintermaanden is het een mooie aanvulling op het voedsel van onze gevederde vrienden.

Rozenstruiken

In de lente

De herbloeiende rozenstruiken, die van mei tot aan de eerste periode van vorst bloeien, moeten in de lente worden gesnoeid, zodra de eerste blaadjes verschijnen. Door deze grote snoeibeurt regenereert de plant. Verwijder alle dode en gebroken takken. Creëer ruimte in het middelste gedeelte van de struik en laat niet meer dan vijf hoofdtakken aan de voet staan.

Middelste gedeelte van de rozenstruik
Het middelste gedeelte vormt het hart van de plant. De vijf hoofdtakken vormen een hand, met de handpalm naar de hemel gericht. Deze 'handpalm', waaronder de ent zich bevindt, vormt het hart van de plant. Hij moet altijd vrij blijven, om genoeg zonlicht op te kunnen vangen.

De vijf hoofdtakken moeten tot een hoogte van ongeveer 20 centimeter worden teruggesnoeid. Hiervoor bestaat een handig hulpmiddel: de snoeischaar is ook twintig centimeter lang.

De snoei

Kijk goed naar de knoppen die op ongeveer 20 centimeter hoogte op de tak zitten. Knip met de snoeischaar vlak boven een knop die aan de buitenkant van de tak zit. Knip schuin, zodat het regenwater niet op de tak blijft liggen, maar er vanaf stroomt, zodat de knop niet gaat rotten.

De knop moet zich aan de buitenkant van de tak bevinden, zodat de nieuwe tak die uit de knop zal groeien naar buiten groeit, en niet naar het midden van de rozenstruik.

Herbloeiende rozenstruiken snoeien

Verwijder alle dode en gebroken takken. Behoud vijf à zeven hoofdtakken. Bij de klimroos worden deze takken 'gesteltakken' genoemd. Behoud de mooiste en sterkste exemplaren.

De herbloeiende klimroos bloeit van mei tot aan de eerste perioden van vorst. De grootste snoeibeurt vindt plaats in de lente, zodra de blaadjes verschijnen. Deze snoeibeurt is van groot belang. De plant regenereert erdoor, want hij bloeit alleen op het nieuwe hout.

Rozenstruiken

Aan iedere gesteltak zijn zijtakken gegroeid, waaraan bloemen hebben gezeten. Knip elke zijtak net boven de tweede knop af. Doe dit bij elke zijtak.

Verwijder gedurende het hele bloeiseizoen de jonge scheuten die onder de ent van de rozenstruik groeien. Zij zuigen alleen maar het plantensap op, en verzwakken de plant. Knip deze scheuten zo dicht mogelijk bij de stam af, zonder de ent te raken.

Een oog of een knop?
Het is van hetzelfde laken een pak! Op ieder type rozenstruik is een oog hetzelfde als een knop. Je kunt de ogen tellen afhankelijk van de te snoeien tak:
– voor de hoofdtakken: vanaf het midden van de plant tot aan de uiteinden van de takken;
– voor de gewone takken: tot aan de uiteinden.

De snoei

Rozenstruiken zonder herbloei snoeien

De klimroos zonder herbloei bloeit maar één keer, van mei tot juli. Deze struiken moeten net na de bloeitijd worden gesnoeid, als alle bloemen verwelkt zijn. Snoei met een tuinschaar alle takken die hebben gebloeid.

Na de grote snoeibeurt kun je de vorm van de klimroos bijknippen. Knip hem in een ronde vorm door de takken te snoeien die niet mooi of te lang zijn, of die de doorgang versperren.

Knip, zodra het lente wordt, met een tuinschaar alle gebroken of beschadigde takken bij de basis af. Die takken kunnen de struik ontsieren, of, erger nog, ziekten en schimmels verspreiden en schadelijke insecten aantrekken.

Esthetisch snoeien
Dit is maar betrekkelijk. De rozenstruik moet jou aanstaan, en vooral de doorgang niet versperren. Denk eerst aan de praktische kant en snoei de struik vervolgens in een harmonieuze vorm, passend bij jouw eigen smaak en bij de andere planten in de tuin.

Rozenstruiken

Verschillende vormen rozenstruiken

Rozenstruik	Omvang in volgroeide staat	Ligging	Grondsoort	Voordelen	Pluspunt
Bodembedekker	30-70 cm	zonnig	gewoon, zelfs kalkrijk	op hellingen en om paden af te bakenen	mooie kleine bloem
Heesterroos	1,5-1,8 m	zonnig	gewoon, zelfs kalkrijk	sterk, veel doornen	mooi in een landschapshaag
Klimroos	2-4 m	zonnig	gewoon, zelfs kalkrijk	bedekt muren en ontsierende plekjes	combineer met clematis

Rozenstruiken

Rozenstruik	Omvang in volgroeide staat	Ligging	Grondsoort	Voordelen	Pluspunt
Liaanroos	tot 8 m	zonnig	gewoon, zelfs kalkrijk	bedekt een ontsierende paal	hoeft niet te worden bevestigd en niet te worden gesnoeid
Stamroos en treurroos	1,2-1,7 m	zonnig	gewoon, zelfs kalkrijk	apart om de vorm goed uit te laten komen	erg mooi in een pot
Struik	0,6-1,2 m	zonnig	gewoon, zelfs kalkrijk	in een rozentuin of apart	grootbloemig
Trosroos *(polyantha)*	60-80 cm	zonnig	gewoon, zelfs kalkrijk	trossen rozen	vormt mooie haagjes

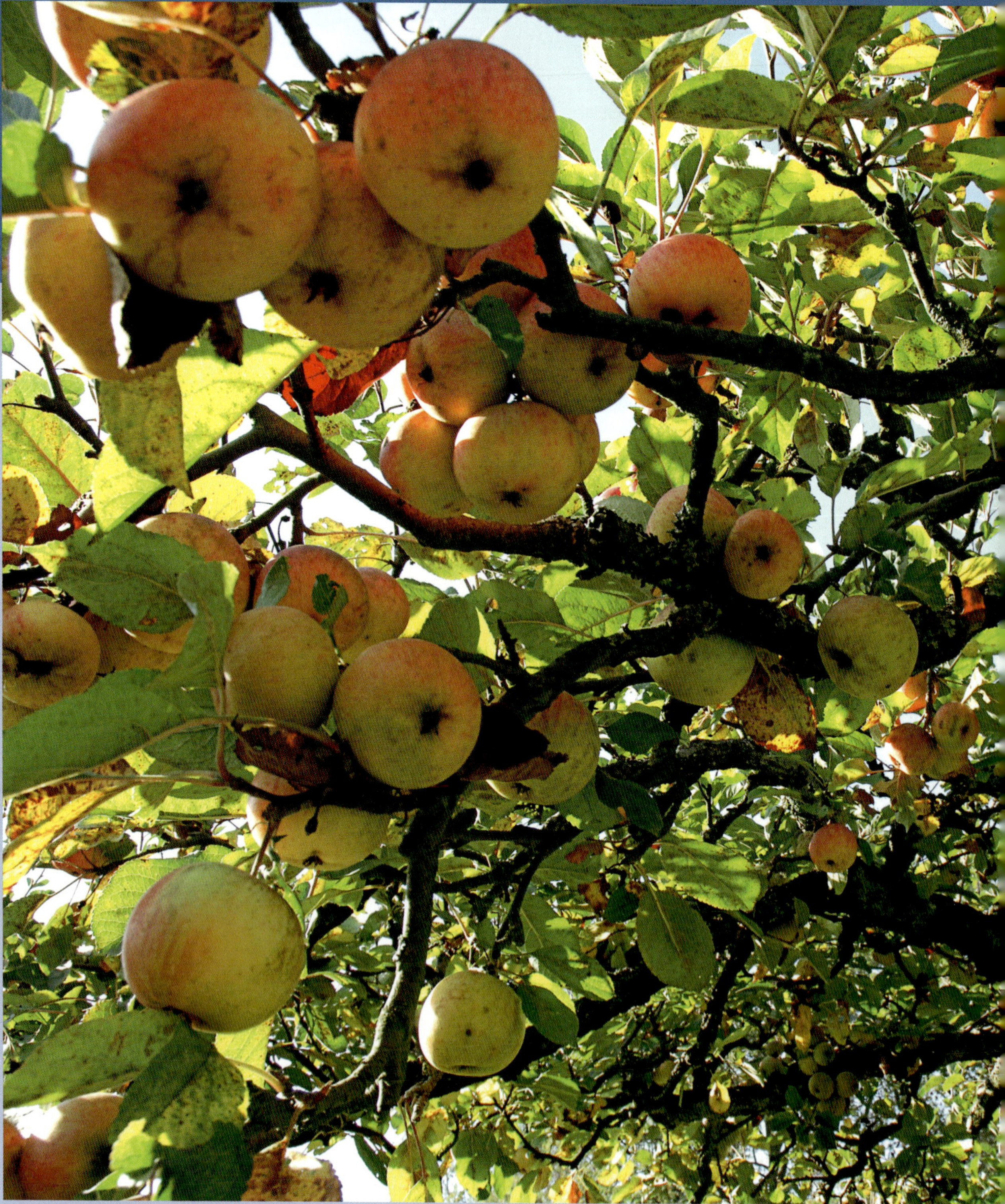

De boomgaard

Het grootste voordeel van een eigen boomgaard is dat je zeker kunt zijn van de kwaliteit van het fruit. Fruit dat niet is behandeld tegen ziekten en ongedierte, onbespoten fruit, is toch van de beste kwaliteit? Nou en of!

Het fruit dat we op natuurlijke wijze laten groeien, mag dan niet zo perfect zijn van vorm als het fruit in de winkel, en het mag dan wat oneffenheden en ontsierende vlekjes vertonen. Maar als je de geur opsnuift en erin bijt, herken je meteen de pure smaak.

Het is niet nodig de appel of peer te schillen, even onder de kraan houden om het stof eraf te spoelen is voldoende. Vooral als je weet dat de vitaminen zich vaak vlak onder de schil bevinden, heb je groot gelijk om een appel te plukken en deze ter plekke, onder de boom, op te peuzelen!

De boomgaard

Een natuurlijke boomgaard

Diversiteit bij het telen

Bij het onderhouden van een natuurlijke boomgaard hoort ook het planten van een verscheidenheid aan bomen. Het is natuurlijk belangrijk om verschillende soorten fruit te eten... Vijf stuks groenten en fruit per dag, zo wordt ons aanbevolen. Het planten van meerdere soorten heeft een gunstige invloed op de bestuiving van de planten. De meeste bomen hebben hun soortgenoten nodig om vruchten te kunnen dragen, maar weinig bomen zijn zelfbevruchtend.
Bij de aankoop is het van belang dat je hiermee rekening houdt. Iedere soort heeft bepaalde andere soorten nodig in zijn omgeving. Als je niet genoeg ruimte hebt voor al deze soorten, werp dan een blik in de tuin van de buren, misschien staat daar de gewenste boom wel. Vervolgens doen de bijen het werk door van boom naar boom te vliegen en te zorgen voor de bestuiving.

Bestuiving

Voordat er vruchten groeien, bloeien er bloemen. En dankzij de insecten, die zo belangrijk zijn in de tuin, worden de bloemen bevrucht en dragen ze vrucht. Het werk van de insecten, die van bloem naar bloem vliegen om honing te verzamelen en zo het stuifmeel verspreiden, wordt 'bestuiving' genoemd, en is onmisbaar in de boomgaard.

Fruit plukken in de zomermaanden

Je dankzij de boomgaard weer bewust worden van de seizoenen, als dat geen goede, natuurlijke instelling is? De oogstappel kan in juli en augustus worden geplukt, de andere appelsoorten tussen september en november. In een kistje zijn ze korte of langere tijd houdbaar. Kersen zijn rijp van mei tot eind juli, en heerlijk om zo van de boom te eten. Abrikozen kun je vanaf juni tot midden augustus plukken. Maar wanneer een bepaalde soort precies rijp is, hangt ook af van de plek waar je woont! De zon, de kou, de grond en de neerslag hebben een gunstige of minder gunstige invloed op het rijpen van de verschillende soorten. Om een natuurlijke boomgaard te hebben die veel vruchten geeft, moeten er dus ook regionale soorten worden geplant, die goed kunnen groeien en beter bestand zijn tegen ziekten.

Een natuurlijke boomgaard

Geen behandelingen

Om optimaal profijt te hebben van je natuurlijke boomgaard, kun je beter stoppen met alle behandelingen. De tijd die je zo bespaart, kun je op een ligstoel doorbrengen onder de takken van je lievelingsfruitboom. Vandaag de dag zijn er andere manieren om veel fruit te kunnen oogsten, zonder gekunsteldheid, en zonder risico's voor de gezondheid. Verander je kijk op het leven en op het telen

Vogelhuisje

Vogels zijn geweldige insectenverdelgers. Zo ook de mees: deze kleine vogel kan zijn eigen gewicht aan insecten eten. Een beter middel tegen rupsen op je fruitbomen zul je nergens vinden. Natuurlijk kan hij ook wel eens een kers wegpikken... Deze situatie vraagt om een ontmoedigingsbeleid. Plaats het vogelhuisje op een kalme, open plek. Afhankelijk van de omvang van de boomgaard moet je er misschien meerdere ophangen. De mannetjesmees verdedigt zijn territorium en verjaagt zijn rivalen tot 200 meter afstand. Hang de vogelhuisjes hoog op, op minstens 1,8 meter hoogte, niet de dicht bij de doorgangen. Hang ze op richting het zuiden om regenwater in hun huisjes te voorkomen.

De boomgaard

Feromonenval

Feromonen zijn door insecten afgescheiden geurstoffen die een lichamelijke reactie of een reactie in het gedrag teweegbrengen bij hun soortgenoten.
De feromonenval beschikt over een capsule die geurstoffen van vrouwelijke insecten afgeeft om mannetjes naar het midden van de val te lokken, waar hij vast komt te zitten in de lijm. Het mannetje, dat naar het vrouwtje wil, dat hij denkt te ruiken, vliegt dus recht op de capsule af, waar hij met zijn pootjes en vleugels vast komt te zitten in de lijm.
De opzet van de val is om bevruchting te voorkomen, zodat de vrouwtjes geen eitjes in het fruit van de boomgaard leggen. Dat wil wel eens het geval zijn bij de appelbladroller, in appels en peren, een wormpje dat het fruit van binnenuit opeet.

Bloemenveld rondom de bomen

Plant bloemen rondom de boom om ervoor te zorgen dat hij goed kan groeien, zonder last te hebben van onkruid. Er bestaan speciale zaden voor bloemenvelden rondom bomen. Je hoeft dan geen onkruid meer te wieden rondom de boom, en de bosmaaier zal niet langs de boomschors schrapen! Dit bloemenmengsel trekt insecten aan, zoals bijen, om de bestuiving van de fruitbomen te bevorderen, en lieveheersbeestjes, tegen bladluis. Ga uit van een cirkel met een doorsnede van ten minste 1 meter rondom iedere boom. Wat de uitstraling van de boomgaard betreft: succes verzekerd! Dat wordt gegarandeerd een trendy, landelijke en ecologische boomgaard!

De boomvorm

Door de vormsnoei krijgen fruitbomen een specifieke vorm die bij alle tuintypen past. Fruitbomen kunnen overal een plaatsje vinden: in de grootste boomgaard of in een pot op het kleinste balkon.

Ent

Alle fruitbomen hebben hun bestaan te danken aan een ent. Dat is een tak van het gewenste ras, geënt op een onderstam. De onderstam geeft niet zulk goed fruit, maar zijn wortelstelsel werkt perfect. Om vrucht te dragen moet de ent worden gesnoeid of gevormd door tussenkomst van de mens. Dit is nodig om te voorkomen dat de boom te warrig en ontsierend groeit, en te weinig vrucht zal dragen.

> Als je een ent in de winkel koopt, moet je hem zelf vormen door hem op de gewenste hoogte door te zagen. Uit de knoppen op de stam zullen takken groeien die je uitkiest om de boomtop te bepalen.

Spilvorm

De spilvorm is een gesnoeide vorm met in het midden vertakkingen. De ent wordt geknipt op ongeveer 60 centimeter hoogte. Van het onderste gedeelte van de stam zijn alle takken tot een hoogte van ongeveer 50 centimeter verwijderd. Daarboven laat je maar vijf hoofdtakken (of gesteltakken). De spilvorm heeft een rijzige vorm die gebruikt wordt voor rassen zwakgroeiende appelbomen, perenbomen en kersenbomen. Afhankelijk van de ruimte kun je tot aan twaalf hoofdtakken laten staan voor een mooie boom, die 4 meter hoog kan worden.

Enten door oculatie
Het enten door oculatie is eenvoudig uit te voeren en moet in maart plaatsvinden. Neem in de herfst een griffel van het gekozen ras. Zet deze griffel tijdens de winter buiten in het zand. Plaats de griffel in maart in de snede van een tak van een fruitboom. Dit lukt altijd... of bijna altijd, na een beetje oefenen.

De boomgaard

Halfstam

Een halfstam fruitboom is een boomvorm waarvan de stam volledig ontdaan is van takken tot een hoogte van ongeveer 1,2-1,5 meter. In de top vormen vijf hoofdtakken een hand waarvan de handpalm naar de hemel is gericht. Deze vorm is ideaal voor kleinere oppervlakten en doet het goed met rassen zwakgroeiende appelbomen, kersenbomen, perzikbomen en abrikozenbomen. Houd 7 meter afstand tussen de bomen. Na 4 à 5 jaar kan voor het eerst worden geoogst.

> Dankzij de middelgrote afmeting van de boom, is het heel gemakkelijk om het fruit direct van de takken te plukken. Ideaal om kinderen te stimuleren om fruit te gaan eten!

Hoogstam

De hoogstam heeft een stam zonder takken tot een hoogte van ongeveer 2 meter. In de top vormen vijf hoofdtakken een hand, waarvan de handpalm naar de hemel is gericht. Deze mooie boom voor in een grote boomgaard wordt aanbevolen voor sterkgroeiende rassen zoals appelbomen, perenbomen, kersenbomen en pruimenbomen. Zet ze bij voorkeur vrijstaand of op 10 meter van andere bomen verwijderd. Reken op vijf tot tien jaar vanaf het planten voordat er fatsoenlijk kan worden geoogst.

Leiboom met één tak

Bij het vormen van een leiboom worden de takken horizontaal op 40-80 centimeter hoogte geleid. Deze eenzijdige vorm heeft een steun nodig, bijvoorbeeld een gespannen ijzerdraad. Ondersteun de jonge takken in de winter met een stok en leid de boom van mei tot juli zeer geleidelijk aan in horizontale richting door de tak te bevestigen aan een ijzerdraad. Snoei de jonge groei twee derde van zijn afmeting terug in de eerste winter na het planten.

De boomvorm

Leiboom met twee takken

De jonge loten worden bij twee knoppen horizontaal opgebonden, naar links en naar rechts van de stam, op 40-80 centimeter hoogte. De takken worden vastgemaakt aan een gespannen ijzerdraad. Ondersteun de jonge takken in de winter met een stok en leid de twee takken van mei tot juli geleidelijk aan, afhankelijk van de groei, in horizontale richting door ze te bevestigen aan een ijzerdraad. Snoei de jonge takken twee derde van hun afmeting terug in de eerste winter na het planten.

> Vooral van dwergappelbomen worden leibomen gemaakt. Het is ideaal voor de kleinere tuin, aan de rand van een pad of om een fruithaag te laten groeien. De pluk is kinderspel.

Leiboom met U-vorm

De U-vorm is een boomvorm die op 40 centimeter hoogte wordt gesnoeid en waarop twee knoppen worden behouden: een aan de linker- en een aan de rechterkant. Bij appelbomen en perenbomen moet iedere zijtak worden opgebonden op ten minste 30 centimeter afstand vanaf de stam (ten minste 50 centimeter voor perzikbomen), waarna de takken recht omhoog worden geleid. Bevestig de twee verticale takken vervolgens aan een spalier, al naargelang hun groei. Plant de bomen op 2 meter afstand van elkaar.

De boomgaard

Leiboom met dubbele U-vorm

Ga te werk zoals bij de leiboom met U-vorm. Behoud, zodra de twee verticale takken 10 centimeter hoog zijn, weer twee knoppen: een aan de linker- en een aan de rechterkant van elke tak. Laat de takken aan beide zijden 30 centimeter groeien, en leid ze dan weer recht naar boven. Bevestig de vier verticale takken aan een spalier, al naargelang hun groei. Plant de bomen op 4 meter afstand van elkaar.

Schuine palmet
De schuine palmet is een boomvorm die op 40 centimeter hoogte wordt gesnoeid en waarop drie knoppen worden behouden: één aan de linkerkant, één aan de rechterkant en één in het midden. De zijtakken worden op 45° opgebonden, terwijl de middelste tak recht omhoog groeit, in het verlengde van de stam. Bevestig de takken aan ijzerdraad al naargelang hun groei. Laat ieder jaar een nieuwe waaier van takken groeien op ongeveer 30 centimeter boven de vorige. Plant de bomen op 4 meter afstand van elkaar.

Verrier palmet

De Verrier palmet is een boomvorm die op ongeveer 30 centimeter hoogte wordt gesnoeid en waarop drie knoppen worden behouden: één aan de linkerkant, één aan de rechterkant en één in het midden. De twee zijtakken worden horizontaal geleid over een lengte van 50 centimeter vanaf de stam, en vervolgens recht omhoog. De middelste tak groeit recht omhoog, in het verlengde van de stam. Snoei het derde jaar de middelste tak op 30 centimeter hoogte, en behoud twee knoppen aan de zijkanten. Leid de nieuwe zijtakken 30 centimeter horizontaal en vervolgens recht omhoog. Bevestig de vier verticale takken dan aan een spalier, al naargelang hun groei. Plant de bomen op 4 meter afstand van elkaar.

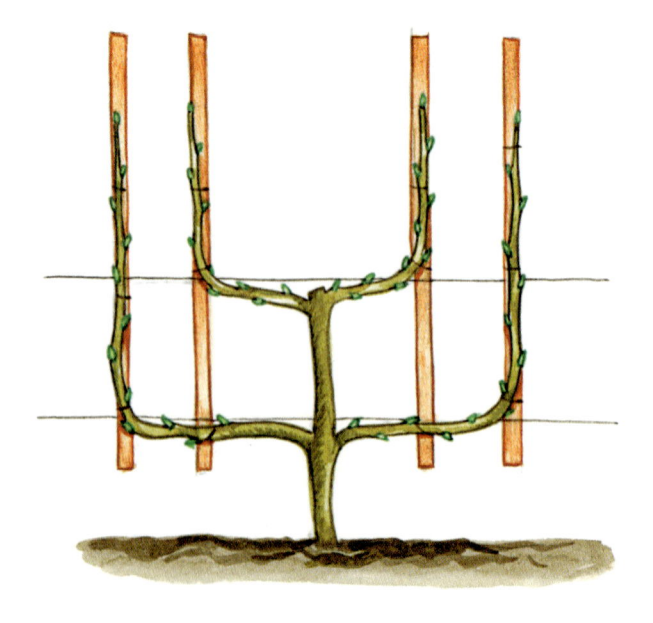

Fruitbomen planten

Een jonge fruitboom plant je om er vele jaren plezier van te hebben. Houd je aan de aanwijzingen om de boom op de juiste manier te zien groeien en bloeien. Het planten is het allerbelangrijkste onderdeel in het leven van een boom.

Onderdompelen in water

Vul een grote teil, anderhalf keer zo groot en zo diep als de pot, met water. Dompel de plant met pot en al onder, en houd het geheel 1 centimeter onder het wateroppervlak. Houd de plant net zo lang onder water totdat er geen luchtbelletjes meer naar boven komen. Haal de plant dan uit het water en laat hem op de grond uitlekken.

De kluit van de boom onderdompelen in water is nog altijd de meest doeltreffende manier om de plant van water te voorzien voordat je hem gaat planten. De haarwortels van het wortelstelsel (de kleine wortels die de plant van voeding voorzien) worden op deze manier overvloedig van water voorzien.

Plant uit de pot halen

Verwijder de pot voorzichtig. Als dit niet meteen lukt, leg de plant dan op zijn zij op de grond, en sla een paar keer met vlakke hand tegen de achterkant van de pot. Knip, indien nodig, met een tuinschaar de wortels af die aan de onderkant uit de pot steken en daardoor het verwijderen van de pot bemoeilijken.

De boomgaard

Wortels loskrabben

Krab met een harkje over de wortels om lucht in de bovenste laag wortels te brengen. Dit is nodig om lucht te brengen in het wortelsysteem, en om te voorkomen dat de wortels als een kluwen bijeen blijven zitten: in dat geval groeien ze om elkaar heen, om uiteindelijk de plant te verstikken. Als de wortels erg dik zijn, kun je een tuinschaar gebruiken om de uiteinden af te knippen.

Wortelsnoei

Het snoeien van de naakte wortels is geen grote snoeibeurt. Bij het rooien zijn sommige wortels doorgesneden of missen ze een gedeelte van hun huid. De wortels moeten dan worden opgefrist door ze licht schuin af te knippen. Behoud daarbij zo veel mogelijk haarwortels.

Bomen met naakte wortels
Van november tot maart zijn bomen met naakte wortels te koop in tuincentra en bij boomkwekerijen. Deze bomen zijn in de herfst gerooid, tijdens de rustperiode. Ze moeten zo snel mogelijk worden geplant, want de wortels kunnen gauw uitdrogen. Ze moeten altijd bedekt zijn met aarde.

Fruitbomen planten

Worteldip

Vul een emmer voor de helft met grond uit de tuin, het liefst kleiachtige grond, en voor de andere helft met water. Roer net zolang totdat een gladde substantie ontstaat. Dompel de wortels van de plant in de emmer en beweeg de plant heen en weer, zodat alle wortels van een laagje worden voorzien. In speciaalzaken zijn mengsels te koop die gebruiksklaar zijn, waaraan je alleen nog maar water hoeft toe te voegen.

Worteldipmethode
Om de boom een vliegende start te geven, worden alle wortels van de plant omhuld met worteldip om de vermeerdering van cellen te stimuleren en daarmee de groei en de kracht van de boom. Elke plant met naakte wortels moet een worteldip ondergaan, zodat de wortels met een beschermlaagje worden bedekt.

Snoeien

Gebruik hiervoor een tuinschaar die je van tevoren met alcohol ontsmet. Snoei een derde deel van de lengte van elke tak, bij voorkeur net boven een knop die aan de buitenkant van de tak zit. Knip schuin zodat het regenwater niet op de knop blijft liggen, maar er aan de andere kant weer afstroomt. Zo voorkom je dat de knop gaat rotten.

De knop moet zich aan de buitenkant van de tak bevinden, zodat de nieuwe tak die zich uit de knop zal ontwikkelen naar buiten zal groeien, en niet naar het midden van de fruitboom.

De boomgaard

Bomen planten

Kies een zonnige plek. Graaf een kuil die vijf keer zo groot is als de pot van de te planten boom. Het is belangrijk om eerst de grond om te werken, zodat de wortels van de fruitboom zich beter kunnen ontwikkelen. Afhankelijk van het ras draineer je de grond door op de bodem een laag grind van 10 centimeter te leggen. De kersenboom, bijvoorbeeld, houdt niet van stilstaand water dat de groei van de wortels belemmert.

Vermeng de grond met speciale tuinaarde voor het planten. Vul de kuil voor de helft met dit mengsel.

Opbinden

De hogere bomen, zoals de hoogstam en de halfstam, moeten worden opgebonden, zodat ze de wind kunnen trotseren, en niet doorbuigen of zelfs doormidden breken. Zet een houten stok in het midden van de kuil, in het mengsel van grond met tuinaarde. Kies een stok die even lang is als de te planten boom.

Fruitboom in pot op het terras

Kies bij voorkeur een dwergras. Zet de boom in een grote pot van minstens 50 centimeter hoog en breed, met speciale, kant-en-klare tuinaarde voor in potten. In een pot is de boom totaal afhankelijk van de tuinier, dus houd goed in de gaten of de boom water nodig heeft.

Fruitbomen planten

Planten

Zet de fruitboom met de kluit in het midden van de kuil, tegen de stok aan. Leg de schop met de steel over de kuil, en controleer of de kluit zich net onder de steel bevindt. De ent, het gedeelte van de stengel tussen de tak en de wortels, mag beslist niet met aarde worden bedekt.

Grond aandrukken

Vul de lege plekken rondom de kluit van de fruitboom met het mengsel van grond met tuinaarde, en druk die met je voeten stevig aan. Voeg indien nodig nog wat van het mengsel toe, totdat de grond egaal is. Maak van de rest van het mengsel een dijkje rondom de voet van de boom, met een doorsnede van minstens 50 centimeter.

> Door een kom aan de voet van de plant te maken, stroomt het regenwater niet meteen weg en zakt het precies boven de jonge wortels van de boom in de grond. Op die manier hoef je minder en minder vaak water te geven.

Water geven

Ook als het tijdens het planten regent, verdient het de voorkeur om toch water te geven, zodat de wortels goed contact kunnen maken met de aarde. Twee volle gieters van 10 liter is voldoende. Bevestig de boom pas na een maand aan de stok. Door (regen)water zal de grond nog wat gaan inzakken, en de boom kan dan wat lager komen te staan. Om die reden moet je wachten totdat de boom zijn definitieve plek heeft ingenomen.

De boomgaard

Het onderhoud

Aan fruitbomen moet, net zoals aan alle andere bomen, regelmatig aandacht worden geschonken. Door ze goed te onderhouden, kun je aantasting van buitenaf voorkomen en de groei van de boom bevorderen.

Grond beschermen

Bedek de grond rondom de boom met een laag organisch materiaal, zoals dennenschors, van 10 centimeter dik. Zorg dat de doorsnede ongeveer 40 centimeter bedraagt. Het doel hiervan is om de boom te beschermen.

Je kunt ook een zaadmengsel inzaaien, speciaal bedoeld voor rondom bomen. Werk de bovenste laag van de grond om met behulp van een schoffelmachine. Verwijder het onkruid en de stenen. Zaai een mengsel van korte bloemen.

Wees alert!

Controleer de bladeren van de boom gedurende het hele bloeiseizoen op vlekjes en insecten. Laat een ziek blad onderzoeken. Afhankelijk van de ziekte kun je natuurlijke middelen inzetten tegen de aantasting.

Zieke bladeren

Zieke bladeren die van de boom zijn gevallen, doe je in de vuilnisbak of liever nog: in de biocontainer. Gooi ze in geen geval op de composthoop! Ziekten kunnen zich dan gemakkelijk verspreiden, en de hele composthoop besmetten.

Het onderhoud

Water geven

De fruitboom mag gedurende het eerste jaar nooit een gebrek aan water hebben. Gedurende deze periode ontwikkelt het wortelsysteem zich. Daarna zullen de wortels sterk genoeg zijn om water uit de grond te halen. Controleer de staat van de beschermlaag, want door deze laag wordt water bespaard doordat er minder verdampt.

Grond bewust vruchtbaar maken

Fruitbomen hebben veel voeding nodig voor de vruchtvorming. Voeg in de lente, zodra de bloemknoppen verschijnen, aan de grond een natuurlijk bemestingsmiddel speciaal voor fruitbomen toe. Houd je aan de voorgeschreven dosering op de verpakking. Te veel mest is schadelijk voor de boom.

Natuurlijke bemestingsmiddelen
Deze mest voorziet in de specifieke behoeften van de plant. Natuurlijke bemestingsmiddelen voor fruitbomen stimuleren de bloei en de vruchtvorming. De concentratie en dosering verschillen per merk. Houd je in elk geval altijd aan de voorgeschreven dosering op de verpakking.

De boomgaard

Uitdunnen

Dun de oogst uit bij appel- en perenbomen voor een goede ontwikkeling van de vruchten.
Fruit groeit vaak met twee of drie stuks bij elkaar. Verwijder minstens een van de drie vruchten, want twee mooie exemplaren zijn nog altijd beter dan drie middelmatige.

Jonge scheuten verwijderen

Verwijder de jonge scheuten die onder de ent aan de stam groeien. Knip deze scheuten met een tuinschaar zo dicht mogelijk bij de stam af. Deze scheuten onttrekken sap aan de boom, en kunnen de fruitboom verzwakken.

De snoei

De snoei, mits niet te drastisch, is een regelmatige opknapbeurt voor de fruitboom. De snoei moet aan enkele regels voldoen om ziekten te voorkomen. Als het regelmatig en voorzichtig gebeurt, blijft de boom dankzij de snoei in perfecte gezondheid.

Wanneer snoeien?

Steenvruchten

De 'steenvruchten', bomen die vruchten met pit dragen (kersenboom, perzikboom, abrikozenboom, mirabellenboom en andere pruimenbomen), moeten na de oogst, aan het begin van de herfst, worden gesnoeid. In deze periode is er minder risico op de gomziekte. Deze fruitbomen verdragen geen drastische snoei. We spreken daarom eerder van een 'opknapbeurt': het verwijderen van gebroken en beschadigde takken. Doe dit eenmaal in de drie à vier jaar en knip een derde deel van de lengte van de takken af.

Pitvruchten

De 'pitvruchten' zijn bomen die vruchten dragen met pitten (appelboom, perenboom...). Deze fruitbomen moeten aan het begin van de lente worden gesnoeid, na de vorst en vlak voor het verschijnen van de knoppen. Deze soorten kunnen wel tegen een drastische snoei, om het jaar, met daartussen het snoeien van de takken met een derde van hun lengte.

> Gebruik bij het snoeien altijd een snoeischaar die van tevoren met alcohol is ontsmet, en vermaal het snoeiafval: het kan dienen als bodembeschermlaag of op de composthoop worden gegooid.

Dikke takken

Het snoeien van dikke takken brengt voor een boom altijd risico's met zich mee. Als een dikke tak in de weg zit, of in een slechte staat verkeert, snoei hem dan in de winter af, als de boom een rustperiode doormaakt, want anders bestaat er een verhoogd risico op complicaties.

Gomziekte
De harsvorming (of 'gom') is in werkelijkheid een manier van de boom om zich te beschermen tegen aantasting van fysieke aard van buitenaf, zoals een gebroken tak of een drastische snoei, maar ook aantasting door parasieten. De boom lijkt hars te verliezen door de schors heen, op de stam of de hoofdtakken, en vertoont zwellingen.

Gereedschap voor het onderhoud

Tuinschaar
Dit kleine stuk gereedschap bestaat uit twee beweegbare handgrepen en twee scherpe bladen. De tuinschaar wordt voornamelijk gebruikt voor het afsnijden en snoeien van takken met een doorsnede tot 2 centimeter. De tuinschaar wordt in de boomgaard het meest gebruikt. Hij is met één hand te bedienen, en is verkrijgbaar voor rechts- en linkshandige mensen. Kies bij voorkeur een licht exemplaar, niet te klein, afstelbaar en met vervangbare onderdelen, en let erop dat het soepel knipt.

Snoeischaar met twee handvatten
Dit stuk gereedschap met beweegbare handgrepen bestaat uit twee verlengde handvatten en twee bladen. Doordat de handgrepen zo lang zijn, is hij met twee handen te bedienen waarbij je met elke hand een handgreep vasthoudt. Je kunt er takken mee snoeien die dikker zijn dan 2 centimeter.

Telescopische snoeischaar
Dit is een tuinschaar die aan een stok is vastgemaakt van 3-6 meter lang. Je bedient hem op afstand met een snoertje. Met dit handige stuk gereedschap kun je takken snoeien zonder een ladder te hoeven gebruiken. Kies bij voorkeur een exemplaar met een uitschuifbare steel, omdat ze handiger zijn en minder ruimte innemen.

Snoeimesje
Het snoeimesje is een klein mes met één lemmet van ongeveer 12 centimeter lang en een dik handvat. De vorm doet denken aan een halvemaan. Het wordt gebruikt voor de afwerking van een plek waar zojuist een tak is afgezaagd en voor allerlei andere soorten afwerking.

Snoeizaag
Met de snoeizaag, ook wel eenhandszaag genoemd, kun je takken snoeien met een doorsnede van meer dan 5 centimeter. Er zijn verschillende modellen verkrijgbaar, zowel met opvouwbaar blad als met inschuifbaar blad. Kies bij voorkeur een zaag met een smal, boogvormig blad om gemakkelijker te kunnen zagen. De afmeting moet passen bij de omvang van de af te zagen tak: gebruik een kleine zaag voor kleine takken, en een grote zaag voor de dikke takken.

Gereedschap reinigen
Reinig de bladen van het gereedschap voor ieder gebruik met alcohol. Drenk een watje in alcohol en wrijf ermee over de bladen. Herhaal dit met een nieuw watje. Deze reiniging is nodig om de sporen van schimmels te verwijderen die na het laatste gebruik mogelijk op de bladen zijn achtergebleven, en om verspreiding van ziekten tegen te gaan.

Vormsnoei

Eerste jaar

De vormsnoei is bepalend voor de toekomst van de fruitboom en voor de vorm die je hem gaat geven voor de rest van zijn leven. Als de snoei elk jaar goed wordt uitgevoerd, is wat onderhoud genoeg om de boom zijn vorm te laten behouden.

Bij het planten van de jonge boom groeit de hoofdtak recht omhoog. Om een spilvorm te verkrijgen, knip je deze enige tak op 50 centimeter hoogte. Uit de knoppen aan de zijkant groeien takken. Met deze scheuten ga je geleidelijk de kroon vormen van de boom. De stam blijft 50 centimeter hoog, een ideale afmeting voor in kleinere tuinen.

> **De ent**
> De ent is de basis van de fruitboom. Twee bij elkaar passende soorten worden geënt. Het bovenste deel is het deel dat je gekozen hebt en dat de gewenste vruchten zal dragen. Als je een ent niet snoeit, kan die recht omhoog groeien zonder vruchtvorming te ontwikkelen. De snoei is daarom een noodzakelijke stap.

Om een boom in de vorm van een halfstam te verkrijgen, moet je de hoofdtak van het geënte deel knippen op een hoogte tussen 1,2-1,5 meter. Aan deze tak zullen zich de scheuten vormen. Kies vervolgens de scheuten in de top, die de kroon zullen vormen. De boom zal dan een stam hebben van 1,2 meter voordat de eerste takken eraan groeien, zoals het geval is bij de meeste fruitbomen.

De boomgaard

Als je voor de hoogstam kiest, dan is de boom geënt op een hoogte van 1,8 meter. Ongewenste scheuten onderaan moet je volledig wegknippen. Alleen de scheuten bovenaan laat je staan. Die zullen dan de kroon van de boom vormen.

> **Snoeiperiode**
> Snoei de jonge boom zodra hij wordt geplant. De ideale periode voor het planten van een fruitboom is de herfst. De boom zal dan profijt hebben van de regen gedurende de wintermaanden en zal er in de lente al goed bij staan.

Tweede jaar

Als de boom eenmaal op de juiste hoogte is gevormd, zullen de takken zich boven op de stam ontwikkelen. Kies vijf à zeven takken in de top, dit zijn de toekomstige hoofdtakken van de kroon die het gestel van de boom zullen vormen. Ga op dezelfde manier te werk voor een spilvorm, een halfstam of een leiboom. Snoei elke tak met aandacht. Bekijk de scheuten en kies een knop die aan de buitenkant zit. Het sap van de boom voorziet vooral de allerlaatste knop van een tak van voeding. Als de knop aan de buitenkant zit, blijft het middendeel van de fruitboom mooi open.

De snoei

Aan de stam van een boom die goed gezond is, kunnen nieuwe takken gaan groeien. Knip deze scheuten altijd af, want ze onttrekken sap aan de boom en kunnen de boom verzwakken. Behoud alleen de geselecteerde takken boven aan de stam.

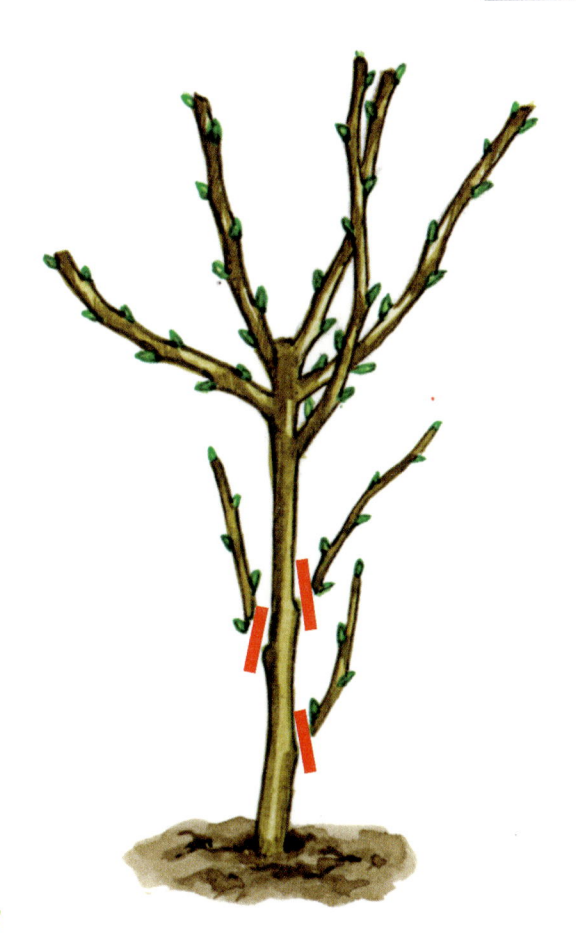

Derde jaar

De hoofdtakken groeien maar door. Door ze in de juiste periode op een derde van hun lengte te snoeien, stimuleer je de groei van nieuwe scheuten die in het verlengde van het gestel zullen groeien en de kroon zullen vormen. Behoud de scheuten die min of meer horizontaal groeien en verwijder de verticale scheuten.

Snoei de takken met aandacht. Houd rekening met de hoogte en de ronde vorm van de boom. Knip 1 centimeter boven een knop die naar buiten is gericht. Op die manier zal de nieuwe tak naar buiten groeien en zal de vorm van de boom mooi gespreid zijn.

De boomgaard

Onderhoudssnoei

Creëer ruimte

Na drie jaar moet de snoei ieder jaar worden herhaald, om de basisvorm van de boom te behouden. Creëer ruimte in het middelste gedeelte van de boom, de zon moet het middelste gedeelte kunnen bereiken om het fruit onder de juiste omstandigheden te laten rijpen. Verwijder de verticale scheuten van de hoofdtakken en laat de horizontale takken staan. Verwijder de overbodige, zwakke of door de winter beschadigde takken in het midden van de boom.

Knip een tak met een doorsnede van 3-4 centimeter of meer, midden in de winter. Bedek de snoeiwond met een speciale pasta voor een snelle genezing.

Let bij elke tak goed op waar je de snoeischaar plaatst. Knip schuin, vlak boven een knop die aan de buitenkant zit, zodat het middelste gedeelte van de boom genoeg ruimte zal hebben. De knop moet aan de hoogste kant van de schuin gesnoeide tak zitten: bij regen of vorst zal het water er aan de andere kant afstromen, zodat de knop er niet door gehinderd wordt en goed kan groeien.

De snoei

Vorm herstellen

De takken groeien niet altijd gelijkmatig. Spoor de takken op die elkaar overlappen en die elkaar zullen raken als er wind staat, want er kan een wond ontstaan, die ziekten in de hand kan werken. Verwijder een van de twee takken om dit probleem voor te zijn.

Snoeiafval
Hoe groter de bomen groeien, hoe meer snoeiafval er zal zijn. Vermaal het snoeiafval met behulp van een elektrische of motorhakselaar. Het kan dan dienstdoen als bodembeschermlaag in de bloemperken, of je kunt het op de composthoop gooien. Het hoeft niet onnodig plaats in te nemen in de vuilnisbak.

Behoud de vorm van de boom als geheel, maar houd je daarbij altijd aan de snoeiaanwijzingen. Om er mooi uit te zien, moet de boom ronde vormen hebben. Kijk regelmatig van een afstandje naar de vorm en de symmetrie van de takken. Fruitbomen staan er immers ook een beetje voor de sier!

De boomgaard

Een fruitboom is bijna altijd geënt. De onderstam is vaak sterk en ontwikkelt scheuten. Verwijder deze onmiddellijk, ongeacht het seizoen. Ze zullen geen vrucht dragen en de ontwikkeling van de boom alleen maar hinderen.

Leibomen snoeien

Vorm herstellen

Wat een leiboom bijzonder maakt, is zijn originele vorm. Deze vorm is niet spontaan ontstaan en kan alleen door middel van snoeien worden behouden. Aan de boom zullen natuurlijk grote verticale takken willen groeien. Deze moeten meteen worden verwijderd, of onder controle worden gehouden door ze op maximaal 10 centimeter hoogte af te knippen. Laat alleen de geselecteerde takken aan de hoofdtakken groeien.

> Het snoeien van leibomen luistert nauw. Het moet ieder jaar omstreeks dezelfde tijd gebeuren, zodat de boom zijn originele vorm behoudt. Als je ook maar een jaar overslaat, wordt het erg moeilijk om de vorm het jaar daarop weer terug te krijgen.

De snoei

Er groeien twijgjes aan de hoofdtakken van het vruchthout. Deze takjes zijn vaak nutteloos en moeten worden gesnoeid. Ze zijn recht en er zitten alleen maar puntige houterige knoppen aan.

Vruchthout
Het vruchthout, dat ongeveer om de 10 centimeter aan de hoofdtakken groeit, zal de bloemen en vruchten voortbrengen. Er zitten ronde bloemknoppen op, maar ook puntige knoppen van hout.

Op het vruchthout zitten verdikkingen die er door het snoeien met de jaren op zijn gekomen. Er kunnen knoppen op groeien die bloemen en vruchten zullen dragen. Ze zijn erg belangrijk voor de vruchtvorming, dus behoud ze en bescherm ze.

Opbinden

Als de steun voor het opbinden hoger is dan de boom, kun je verder gaan met het leiden van de boom door de hoofdtakken langs de steun te leiden. Bevestig ze met raffia en blijf ze regelmatig snoeien.

De boomgaard

De bevestigingen van leibomen moeten ieder jaar worden gecontroleerd. Als ze te strak zitten, kan de tak stikken en in het geval van ijzerdraad zelfs afsterven. Maak ze elk jaar wat losser zodat de boom gewoon kan groeien.

Snoeien

Leibomen zijn vaak zeer sterk. In de zomer kunnen de verticale takken snel groeien. Snoei deze takken voor de helft in de periode van de vruchtvorming, zelfs midden in de zomer, zodat ze niet te veel sap aan de boom onttrekken. De boom heeft het sap hard nodig voor de ontwikkeling van het fruit.

Bloemknoppen en knoppen van hout

De knoppen aan fruitbomen zijn in de lente, vlak voor het verschijnen van de blaadjes, gemakkelijk van elkaar te onderscheiden. Zo kun je de ontwikkeling van de bloemen bijhouden en heb je alvast een idee hoe groot de oogst zal zijn.

De knoppen van hout, waaruit scheuten zullen groeien, zijn puntig.

De bloemknoppen, die bloemen en vruchten zullen voortbrengen, zijn rond van vorm.

De onderhoudssnoei

De onderhoudssnoei wordt toegepast om de mooie vorm van de boom te behouden. Al sinds jaren snoeit de mens planten om ze te schikken naar zijn wensen. Bij de onderhoudssnoei, daarentegen, schikt de mens zich naar de kenmerken van de boom, en stimuleert deze om te verjongen.

Bekijk de boom!

Elke boom bezit zijn eigen schoonheid. Als je hem rustig zijn gang laat gaan, en hem niet steeds met de snoeischaar belaagt, zul je zien dat hij zich op natuurlijke wijze harmonieus ontwikkelt. Door vrijuit te kunnen groeien, worden het snel mooie, harmonieuze exemplaren, wat ons het karwei van de vormsnoei bespaart... Wat een tijdswinst!

De groei van de takken

Net zoals andere planten groeien bomen in de richting van het licht, ofwel naar de zon. Dit wordt 'fototropie' genoemd, en stelt de planten in staat om zo veel mogelijk zon te vangen voor de fotosynthese.
Natuurlijk nemen planten de kortste route om hun dosis zonlicht te krijgen, en in het geval van de takken betekent dit dat ze recht de lucht in groeien. Dit gaat goed totdat de takken talrijk worden, en het middendeel van de boom onvoldoende zonlicht krijgt. Dan is het beter om te snoeien en de overtollige en dode takken te verwijderen.

De boomgaard

> **Wanneer snoeien?**
> Steenvruchten (kersenboom, pruimenboom, mirabellenboom…) dragen volop vrucht zonder dat er een snoeischaar aan te pas heeft moeten komen. Als het toch nodig is, snoei dan net na de oogst.
> Pitvruchten (appelboom, perenboom) moeten aan het einde van de winter worden gesnoeid, vóór het uitlopen van het gewas en het verschijnen van de eerste blaadjes.

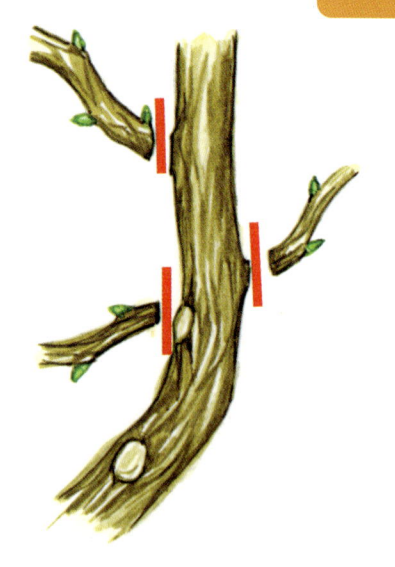

Waar snoeien?

Snoeien moet goed gebeuren. Door de hele boom stroomt sap, elke tak bevat een netwerk dat je niet zomaar mag doorbreken. Om 'schoon' te snoeien, mag je de takken of twijgjes beslist niet zomaar ergens in het midden snoeien! Snoei altijd bij de basis, tegen de steuntak aan. Door zo dicht mogelijk tegen de steuntak aan te snoeien, zal de snoeiwond sneller helen. Laat geen stompje staan, want deze is een voedingsbodem voor allerlei micro-organismen, zoals schimmels.

Snoeischaren reinigen

Reinig de snoeischaar voor ieder gebruik. Wrijf met een watje gedrenkt in alcohol over de messen, zowel aan de binnen- als de buitenkant. Herhaal dit met een nieuw watje. Reinig de snoeischaar na het snoeien, zodat er bij iedere plant een schone snoeischaar wordt gebruikt. Zo voorkom je de verspreiding van ziekten.

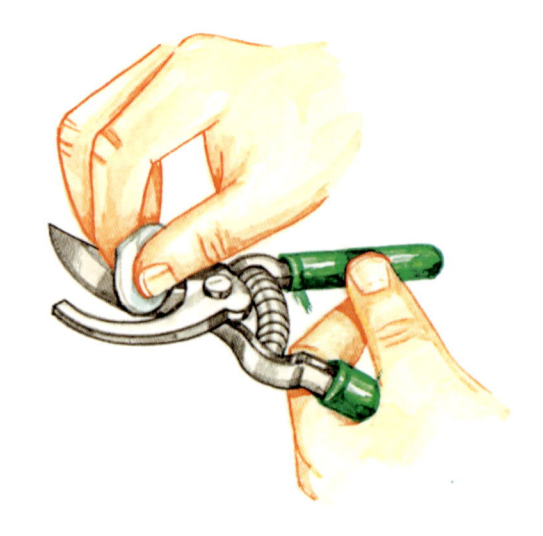

De onderhoudssnoei

Minimale vormsnoei

Bij de appelboom, perenboom, wingerd en andere pitvruchten wordt de snoeivorm, zelfs de lichte variant, sterk aangeraden, want er groeien daarna veel meer vruchten aan. Snoei van alle takken een derde deel van de lengte af. Snoei bij voorkeur net boven een knop die aan de buitenkant van de tak zit.

Knip schuin, zodat het regenwater niet op de nieuwe knop blijft liggen. Zo kan het water aan de andere kant wegstromen, zodat de knop niet gaat rotten.

Steenvruchten kunnen niet goed tegen snoeien, zelfs niet tegen een onderhoudssnoei, dus laat maar groeien!

Dode takken verwijderen

Zelfs wanneer een boom in vorm is, zitten er altijd wel dode takken aan. Zo is dat nu eenmaal, de natuur snoeit zichzelf. Een beetje hulp is daarbij voldoende: snoei alle dode en gebroken takken weg. Deze onderhoudssnoei is het belangrijkste onderdeel bij het onderhoud van de bomen.

Bomen verjongen

Verwijder afstervend hout om de boom te verjongen. Dit hout is gemakkelijk te herkennen: het zijn eigenlijk de oudste takken, die al vele jaren vrucht hebben gedragen en die onder het gewicht krom zijn gaan staan. Het is belangrijk om deze takken te verwijderen om de jonge exemplaren meer ruimte te geven, zodat deze takken goed kunnen groeien en veel vrucht gaan dragen. Snoei op het hoogste deel van de kromme tak, daar waar de jonge, sterke takken groeien.

Voorkom drastisch snoeien!
Bij de onderhoudssnoei mag er absoluut niet drastisch worden gesnoeid, met grote snoeiwonden als gevolg. Het duurt lang voordat de wond genezen is, en ondertussen kan het hout gaan rotten. Bovendien is er door de gapende wond meer risico op ziekten en schimmels.

Creëer ruimte in het midden van de boom

Creëer ruimte in het middendeel van de boom, zodat er meer zonlicht bij kan, en om de fotosynthese te verbeteren. De zon moet het midden van de boom kunnen bereiken zodat het fruit onder de juiste omstandigheden kan rijpen. Verwijder de verticale takken van de hoofdtakken en laat de horizontale takken zitten.

De onderhoudssnoei

Lage jonge scheuten verwijderen

Een gezonde boom ontwikkelt nieuwe takken aan de stam. Verwijder deze scheuten, want ze trekken veel sap en verzwakken de boom. De jonge, hogere takken in de boom hebben zo meer kans om goed te groeien.

Saptrekker bewaren

Een saptrekker is een takje dat gebruikt wordt om de plaats in te nemen van een net verwijderde tak. Zo geneest de snoeiwond beter, doordat de saptrekker het sap via de wond naar zich toe trekt. Dit is een slimme en natuurlijke manier om een snoeiwond sneller te laten genezen. Maak er gebruik van!

Ervoor kiezen om helemaal niet te snoeien
Zelfs bij traditioneel snoeien wordt het aangeraden om steenvruchten, zoals de kersenboom, meteen na de oogst slechts licht te snoeien. Als je uitgaat van de onderhoudssnoei, is het zelfs raadzaam om deze bomen helemaal niet te snoeien en de natuur haar gang te laten gaan, want de natuur snoeit zichzelf.
Zelfs als je niets doet, zullen de steenvruchten goede oogsten opleveren. Dat betekent minder werk en toch een goed resultaat!

De boomgaard

De oogst

Het oogsten is altijd weer een feest! De bomen hangen vol sappig fruit. Voordat je je op de boomgaard stort om je manden te vullen, volgen hier eerst wat nuttige tips.

Plukken

Als je fruit plukt, pak dan de appel of de peer met de hele hand vast, en maak een draaiende beweging zodat de vrucht loskomt van de tak. Knip de wijnrank met een tuinschaar.

Gebruik een mandje om het fruit in te leggen. Pluk eerst de ene soort, en daarna de andere, en leg de verschillende soorten niet boven op elkaar. Als je dat toch doet, leg dan de grote, zware vruchten onderin en de lichtste bovenop.

De oogst

Er kan gedurende twee perioden worden geoogst. De eerste gaat van juni tot september, en betreft de vruchten die je niet lang kunt bewaren, zoals kersen, aalbessen, zwarte bessen en frambozen, maar ook perziken, nectarines en pruimen. Pluk de vruchten bij voorkeur 's ochtends, voordat de zon hoog aan de hemel staat.
De tweede periode gaat van september tot aan de eerste vorst, en betreft appels, peren en druiven, die je moet bewaren totdat ze rijp zijn.
Pluk ze vanaf de late ochtend tot aan het begin van de avond, dus tussen de ochtenddauw en de koelte van de avond.
Voor al het fruit geldt hetzelfde: pluk ze voorzichtig en zonder ze te laten vallen zodat je ze langer kunt bewaren.

Bewaren

Leg de fruitsoorten meteen nadat ze geplukt zijn gedurende minstens twee dagen in kistjes of manden zodat ze kunnen drogen. Daarna kun je ze op hun definitieve plaats leggen om ze te bewaren.

Fruit goed opslaan

De **opslagplaats** voor het bewaren van fruit is van groot belang. Kies een schone ruimte, **vrij van vorst en chemische middelen** en niet dicht bij groenten. Al deze factoren kunnen de rijping van het fruit versnellen en dat is natuurlijk niet de bedoeling!
De ruimte moet regelmatig worden **geventileerd** zodat het etheen, een gas dat door rijpend fruit wordt afgescheiden, weg kan. De deur moet in ieder geval van tijd tot tijd worden opengezet om te luchten. De nacht is daarvoor het meest geschikt. In het **donker** verdampt het vocht minder snel en dat is goed voor de schil. De **vochtigheid** zorgt ervoor dat de vruchten mooi blijven en niet verleppen. De luchtvochtigheid moet tussen 60 en 80% zijn. Een vertrek met een stenen vloer is hiervoor ideaal.
De ruimte moet bij voorkeur **koel** zijn, met dikke muren om de warmte buiten te houden, en verwarming is natuurlijk uit den boze.
Leg het fruit één voor één in geurloze **houten schappen**. Je kunt het fruit het best met het steeltje naar boven leggen en de zieke vruchten verwijderen zodra ze ook maar een rot plekje vertonen. Hoelang het fruit precies kan worden bewaard, hangt van de soort af.

De boomgaard

Kleinfruit planten

Kleinfruit kan overal in de tuin worden geplant, in een haag, in een bloemperk, op een verhoging als het een klimplant betreft... Aalbessen, bramen, frambozen... zijn gemakkelijk te telen en het hele gezin maak je er blij mee. Het moeilijkst? Dat is het planten!

Onderdompelen in water

Vul een grote teil, anderhalf keer zo groot en zo diep als de pot, met water. Dompel de plant met pot en al onder, en houd het geheel 1 centimeter onder het wateroppervlak. Houd de plant net zo lang onder water totdat er geen luchtbelletjes meer naar boven komen. Haal de plant dan uit het water en laat hem op de grond uitlekken.

Plant uit de pot nemen

Pak het plantje tussen wijsvinger en middelvinger en houd je handpalm plat tegen de tuinaarde gedrukt. Houd de pot ondersteboven en verwijder de plastic pot voorzichtig. Als dit niet meteen lukt, houd de plant dan horizontaal en trek een paar keer kort aan de plant, waarbij je de pot met je andere hand aan de achterkant vasthoudt.

Kleinfruit planten

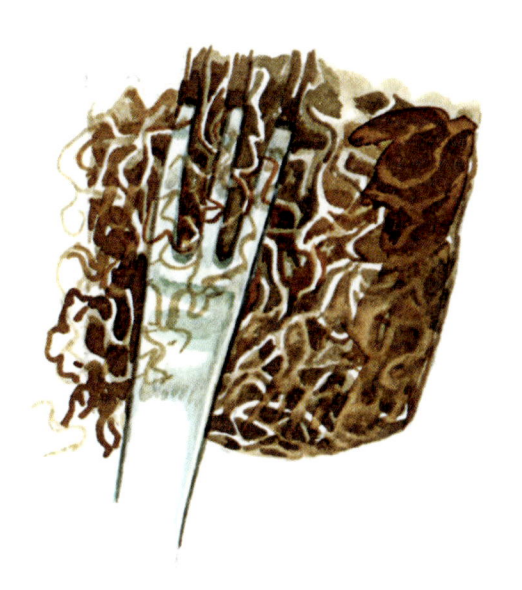

Wortels loskrabben

Door met een harkje over de wortels te krabben, breng je lucht in de bovenste laag wortels. Dit is nodig om lucht te brengen in het wortelsysteem, en om te voorkomen dat de wortels als een kluwen bijeen blijven zitten.

Wortelkluwen
De wortels groeien in het rond in de pot, op zoek naar licht en voedsel. Zo groeien de wortels om elkaar heen, waardoor de plant uiteindelijk kan stikken. De wortels moeten voordat de plant in de grond wordt gezet, altijd worden los gekrabd.

Wortelsnoei

Bij het rooien zijn sommige wortels doorgesneden of missen ze een gedeelte van hun huid. De wortels moeten dan worden gesnoeid door ze licht schuin af te knippen met een ontsmette snoeischaar. Behoud daarbij zo veel mogelijk haarwortels.

De boomgaard

Worteldip

Vul een emmer voor de helft met grond uit de tuin, het liefst kleiachtige grond, en voor de andere helft met water. Roer totdat een gladde substantie ontstaat. Dompel de wortels van de plant in de emmer en beweeg de plant heen en weer, zodat alle wortels van een beschermlaag worden voorzien. In speciaalzaken zijn mengsels te koop die gebruiksklaar zijn, waaraan je alleen nog maar water hoeft toe te voegen.

Snoeien

Gebruik hiervoor een tuinschaar die je van tevoren met alcohol ontsmet. Om de plant krachtiger te maken, snoei je een derde deel van de lengte van elke tak. Knip altijd schuin zodat het regenwater niet op de tak blijft liggen.

Kleinfruit planten

Planten

Kies een plek die past bij de te planten soort. Graaf een kuil die vijf keer zo groot is als de pot van het te planten gewas. Werk de grond om, zodat de wortels zich beter kunnen ontwikkelen. Afhankelijk van de soort draineer je de grond door op de bodem een laag grind te leggen van 5 centimeter dik.

Vermeng de grond met speciale tuinaarde voor het planten. Vul de kuil voor de helft met dit mengsel van grond uit de tuin en tuinaarde.

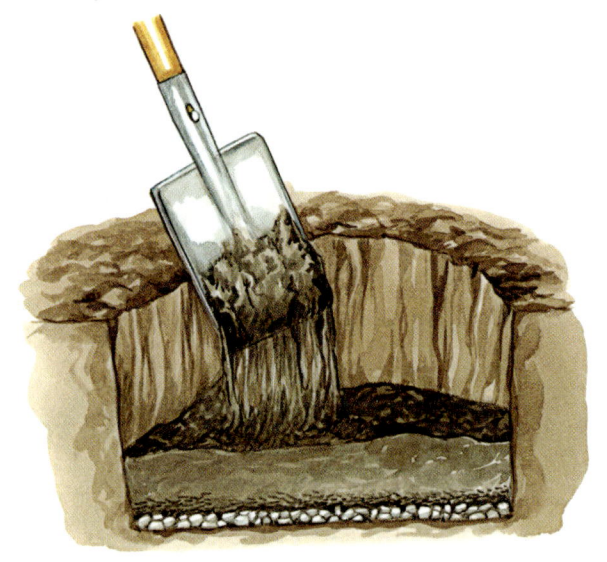

Speciale tuinaarde voor het planten of het verpotten zorgt ervoor dat de plant snel wortelt. Deze natuurlijke, verrijkte tuinaarde bevat de voeding en de sporenelementen die de plant nodig heeft om goed te kunnen groeien en vrucht te dragen. Deze toevoeging aan de grond is noodzakelijk wanneer je de plant op zijn definitieve plek in de tuin zet.

De boomgaard

Zet de plant met de kluit in het midden van de kuil. Leg de schop met de steel over de kuil, en zorg ervoor dat de kluit zich net onder de steel bevindt.

Grond aandrukken

Vul de lege plekken rondom de kluit met het mengsel van grond met tuinaarde en druk dit stevig aan. Maak van de rest van het mengsel een dijkje rondom de plant met een doorsnede van minstens 20 centimeter.

Door een kom aan de voet van de plant te maken, stroomt het regenwater niet meteen weg en zakt het precies boven de wortels van het kleine fruit in de grond. Op die manier benut de plant het regenwater zo veel mogelijk, waardoor je water bespaart.

Kleinfruit planten

Water geven

Zelfs al regent het tijdens het planten, geef toch water, zodat de wortels goed contact maken met de aarde en de plant beter zal kunnen aarden. Een gieter van 10 liter is voldoende.

Bodem beschermen

Bedek de grond met een beschermlaag van minstens 7 centimeter. Gebruik hiervoor hennep- of vlasstrooisel of cacaomulch. Voeg elk jaar wat toe om een goede laag te behouden. Dankzij deze laag verdampt het water minder snel uit de grond. Zo hoef je minder en minder vaak water te geven en bespaar je nog meer water!

De boomgaard

Fruitboom	Omvang in volgroeide staat	Ligging	Grondsoort	Voordelen	Oogst	Pluspunten
Abrikozenboom	6 m	warmte en zon, beschut tegen de wind	gewoon zonder stilstaand water	de vrucht (abrikozen)	van juni tot midden augustus	dwergrassen voor in een pot
Actinidia (kiwi)	lianen van 10 m	warmte en zon	vruchtbaar en diep, goed gedraineerd	de vrucht (kiwi)	in de herfst	mooi tegen schutting of pergola
Appelboom	8-10 m	warm, beschut tegen wind en kou, opgebonden tegen een zonnige muur	rijke en goed gedraineerde tuinaarde, maar die niet uitdroogt in de zomer	de vrucht (appel), sierboom	van augustus tot december	zwakgroeiende rassen voor in een pot
Druiven	lianen van 10 m	zon, langs een zuidmuur	gewoon, goed gedraineerd	de vrucht (druif)	van midden augustus tot eind september	zwakgroeiend ras voor in een pot
Hazelaar	3 m	zon, vrijstaand en beschut tegen oostenwind	licht en diep	de pit (hazelnoot)	vanaf september, als ze gemakkelijk loslaten	zet verschillende rassen bij elkaar in een haag voor een betere bestuiving
Kersenboom	6-12 m	zon, beschut tegen de wind	gewoon, vruchtbaar en zonder stilstaand water	de vrucht (kers), decoratieve boom	van midden mei tot juli	zwakgroeiend ras voor in pot
Kweeperenboom	5 m	zon, beschut tegen sterke wind	humusrijk, koel en kalkarm	de vrucht (kweepeer)	in de herfst, voor de eerste vorst	ras met zeer grote vruchten
Mispelboom	6-8 m	zon, beschut tegen koude wind	rijk, diep en goed gedraineerd	de vrucht (mispel)	in november als ze overrijp zijn	ras met grote vruchten
Olijfboom	10 m	zon, naar het zuiden gericht, beschut tegen sterke wind, niet bestand tegen temperaturen kouder dan −10°C	diep, kalkrijk en goed gedraineerd	de vrucht (olijf)	in september, vervolgens in december	olijfolie
Perenboom	10 m	beschut tegen sterke wind	kleiachtig en rijk, kalkarm en gedraineerd	de vrucht (peer), sierboom	van eind juli tot de herfst voor de vorst	dwergrassen voor in een pot
Perzikboom, nectarineboom	2-7 m	zon, beschut tegen de wind, geen vorst	diep, zandachtig maar kalkarm	de vrucht (perzik, nectarine)	van eind juni tot midden september	dwergrassen voor in een pot

De boomgaard

Fruitboom	Omvang in volgroeide staat	Ligging	Grondsoort	Voordelen	Oogst	Pluspunten
Pruimenboom	8 m	beschut tegen de wind	rijk, diep, enigszins zuur en goed gedraineerd	de vrucht (pruim, reineclaude, mirabel, kwets)	van midden juni tot midden september	het ras 'reineclaude d'Oullins' bestuift de meeste pruimenrassen
Tamme kastanje	20 m	zon, frisse lucht	gewoon, kalkarm en goed gedraineerd	het zaad (tamme kastanje); sierlijke boom	in de herfst	wordt zeer oud
Vijgenboom	6-10 m	zon, warmte, beschut tegen koude wind, niet bestand tegen temperaturen onder 10°C	gewoon en goed gedraineerd	de vrucht (vijg)	in juni en september	geef de voorkeur aan ras dat geschikt is voor ons klimaat
Walnotenboom	25 m	zon, beschut tegen koude wind en late vorst	kalkrijk, humusrijk, diep en goed gedraineerd	het zaad (walnoot)	in de herfst, als ze van de boom vallen	kan honderd jaar worden

Kleinfruit	Omvang in volgroeide staat	Ligging	Grondsoort	Voordelen	Oogst	Pluspunten
Aalbessenstruik	1,5 m	vrijstaand, half in de schaduw	diep, niet te kalkrijk en goed gedraineerd	de vrucht (aalbes)	van eind juni tot eind augustus	kan ook in een pot
Aardbeienplant	20-40 cm	volle zon	vruchtbaar, humusrijk en kalkarm	de vrucht (aardbei)	van mei tot oktober	in een pot of hangende pot
Blauwe bes	0,3-3 m	schaduw tot halfschaduw	erg zuur, pure heidegrond	de vrucht (blauwe bes)	van juni tot september	kan ook in een pot
Frambozenstruik	2 m	milde zon of halfschaduw	enigszins zuur, humusrijk, goed gedraineerd	de vrucht (framboos)	van juni tot oktober	frambozen zijn zeer goed in te vriezen
Kruisbessenstruik	1 m	halfschaduw	kleiachtig, koel en rijk	de vrucht (kruisbes)	in juli of augustus	rassen met zeer zoete en geurende vrucht
Moerbeiboom	12 m	zonnig, beschut tegen koude wind	diep, rijk en goed gedraineerd	de vrucht (moerbei)	als ze zwart zijn, in juli of augustus	vrucht is zeer goed in te vriezen
Zwartebessenstruik	1,5 m	zon of lichte halfschaduw	rijk, koel maar zonder stilstaand water	de bes (zwarte bes)	vanaf juli	kan ook in een pot

Register

Aalbessenstruik 237
Aardappel 154, 155
Aardbeienplant 237
Abrikozenboom 236
Actinidia 236
Afrikaantje 14, 94, 98
Akelei 97
Althea 74
Amarant 98
Andijvie 155
Apenboom 73
Appelboom 236
   met bloemen 72
Artisjok 155
Aubergine 155

Balsemien 98
Basilicum 157
Begonia 98, 99
Bemestingsmiddelen 23
Berberis 116
Berk 72
Bestuiving 20, 198
Bieslook 157
Biet 154, 155
Bijenkorf 56
Biodiversiteit 104-105, 160
Blauwe bes 237
Bloemen 18, 25, 76-99
   eetbare bloem 18
Bloemenveld 19, 158-171, 200
Bloemkool 155
Bodembeschermlaag 16, 24, 185-186
Boerenjasmijn 74
Boerenwormkruid 31
Bolgewassen 99
Boom 52-75
   fruitboom 19, 196-237
Boomgaard 56, 196-237
Boon 154, 155
Boterbloem 127

Brandnetel 30
Buxus 102, 116

Campanula 97
Canna 99
Caryopteris 74
Ceanothus 74
Ceder 73
Cipres 73, 116
Clematis 74
Combinatie 25, 93-94
Compost 26-29
Cosmea 98
Courgette 154, 155

Dahlia 99
Den 73
Deutzia 74
Dragon 157
Druifjeshyacint 99
Druiven 236
Dwergmispel 116

Eenjarige plant 78-82, 98
Elaeagnus 116
Engels raaigras 127
Erwt 155
Esdoorn 72

Fazantenbes 74
Forsythia 74
Frambozenstruik 93, 237
Fresia 99
Fritillaria 99
Fruitbomen 19, 196-137

Gaillardia 97
Ganzerik 74
Gazon 19, 118-129
Geranium 97
Gereedschap 112, 128-129, 214

Gewone spar 73
Gier 30-33
Gladiool 99
Glansmispel 117
Goudenregen 72
Goudsbloem 98
Groenten 25
Grond 22

Haag 56, 100-117
Haagbeuk 116
Hazelaar 117, 236
Heuchera 97
Hibiscus 74
Hortensia 75
Hulst 116
Hyacint 99

Insect 43-46
Iris 97

Japanse kweepeer 116

Kabuiskool 155
Kardinaalsmuts 116
Kastanjeboom 72
Kersenboom 236
   met bloemen 72
Kervel 157
Klaproos 95
Klaver 127
Kleinfruit 230-235
Knoflook 155
Knol 154, 155
Knolselderie 155
Kolkwitzia 75
Komkommer 154, 155
Kool 94, 154
   bloemkool 155
   kabuiskool 156
   rodekool 156
   spruitje 156

Register

Kropsla 156
Kruiden 15, 25, 157
Kruisbessenstruik 237
Krulandijvie 156
Kweekgras 127
Kweeperenboom 236
    Japanse kweepeer 116

Lariks 73
Laurier 157
Laurierkers 117
Lavendel 75, 117
Leeuwenbek 98
Lelietje-van-dalen 97
Ligging 17
Liguster 117
Lupine 97

Mahonia 117
Margriet 97
Meerjarige plant 88-92, 97
Meidoorn 72
Meloen 154, 156
Mispelboom 236
Moerbeiboom 237
Moestuin 19, 56, 130-157
Munt 94, 157

Narcis 99
Nectarineboom 236
Nuttige beestjes 34-37

Olijfboom 236
Oost-Indische kers 95, 98

Paardenbloem 33, 127
Paardenstaart 31
Paprika 154, 156
Parasiet 43-46
Perenboom 236
Perowskia 75
Perzikboom 236

Peterselie 157
Pompoen 156
Prei 154, 156
Problemen bij het kweken 38-40
Pruimenboom 237

Rabarber 31
Radijs 154, 156
Ranonkelstruik 116
Reuzenpompoen 154, 156
Ridderspoor 97
Rijstebrijplant 97
Rodekool 156
Rozemarijn 157
Rozenstruik 94, 172-195

Sequoia 73
Seringen 75
Sierheesters 18, 52-75
Sjalot 156
Sla 154
    kropsla 156
Slaapmutsje 98
Smeerwortel 32
Snijbiet 154
Sofora 72
Spar 73
Spinazie 156
Spirea 75, 117
Spruitje 156
Stokroos 97

Tamme kastanje 237
Taxus 117
Thuja 73, 102, 117
Tijm 95, 157
Tomatenplant 33, 154, 156
Toverhazelaar 75
Treurwilg 72
Trompetboom 72
Tuinboon 154
Tulp 99

Tweejarige plant 83-87

Ui 157
    gele ui 154

Valkuilen bij het kweken 41-42
Varen 33
Veldbeemdgras 127
Veldsla 157
Vergeet-mij-nietje 93
Vijgenboom 237
Vlierbes 32
Vlinderstruik 116
Vuurdoorn 117

Walnotenboom 237
Water 16, 24
Water geven 16, 24
Watermeloen 154
Weegbree 127
Weigelia 75
Wild afrikaantje 98
Winde 127
Witlof 154
Wortel 154, 157

Zaad 13
Ziekten 47-49
Zwartebessenstruik 237
Zwenkgras 127

Fotoverantwoording

Bios
F. Didillon: p. 52-53, 118-119; J.-L. Klein en M.-L. Hubert: p. 50;
A. Petzold: p. 130-131.

Fotolia
J. Behr: p. 158-159; Champa: p. 172-173 (Magic Meilland);
Ch. Fouquin: p. 100-101; Nanou Prod: p. 76-77.

Rustica
F. Boucourt: p. 17 (le jardin d'Angélique);
E. Brenckle (le Bois Pinard/M. Marcat): p. 10, 40;
Ch. Hochet: p. 6, 20, 25, 30 (les Brules);
F. Marre: p. 8-9 (le Bois Pinard), 36 (le Bois Pinard/M. Marcat), 196-197.